Gestão em Saúde: Programas de Qualidade em Hospitais

Dados Internacionais de Catalogação na Publicação (CIP)
(Câmara Brasileira do Livro, SP, Brasil)

Bonato, Vera Lúcia
   Gestão em saúde : programas de qualidade em hospitais / Vera Lúcia Bonato. — São Paulo : Ícone, 2007.

   Bibliografia.
   ISBN 978-85-274-0946-9

   1. Cuidados hospitalares - Controle de qualidade 2. Hospitais - Administração 3. Saúde pública 4. Serviços de saúde - Administração I. Título.

07-6748   CDD-362.1068

Índices para catálogo sistemático:

1. Administração hospitalar : Programas de qualidade : Saúde pública   362.1068

Vera Lúcia Bonato

Gestão em Saúde: Programas de Qualidade em Hospitais

Ícone editora

© Copyright 2007
Ícone Editora Ltda.

Capa
Andréa Magalhães da Silva

Diagramação
Angelo De Bortoli Neto

Revisão
Rosa Maria Cury Cardoso

Proibida a reprodução total ou parcial desta obra,
de qualquer forma ou meio eletrônico, mecânico,
inclusive através de processos xerográficos,
sem permissão expressa do editor
(Lei n.º 9.610/98).

Todos os direitos reservados pela
ÍCONE EDITORA LTDA.
Rua Anhangüera, 56 – Barra Funda
CEP 01135-000 – São Paulo – SP
Tel/Fax (11) 3392-7771
www.iconeeditora.com.br
e-mail: iconevendas@iconeeditora.com.br

Nota da autora

Esta obra sintetiza uma trajetória longa no campo da saúde pública, e, especialmente, em hospitais, dirigida para a preocupação de como melhorar sua estrutura e principalmente suas funções. Este texto é resultado de cinco anos de dedicação e de 25 anos de exercício na Saúde.

Muitos foram os espaços de discussão a respeito da maneira de como fazer acontecer transformações e inovações no sistema em questão. Merece destaque neste processo, meus alunos dos cursos de pós-graduação, meus colegas da militância cotidiana dentro do hospital, os queridos professores Armando de Oliveira Neto, Vitória Kedy Cornetta, José Manoel de Camargo Teixeira, David Everson Uip, Marcelo Pustiglione, Marcelo Aidar, Paulo Fortes, dentre tantos outros que marcaram minha carreira. Os pós-graduandos de minha equipe que apoiaram o trabalho revendo e ajudando na pesquisa dos dados, Heloise Pimenta Gonçalves, Cíntia Vasques Hélcias, Louise Azenha Tango entre outros que já passaram pelo nosso serviço. A redação final passou por inúmeras revisões para atualizações, pois o tema vem se modificando de forma rápida, alterando o cenário na saúde. Márcia Gozzani, receba meu carinho por sua dedicação, amizade e suporte administrativo desse processo

Estou profundamente grata a todas as pessoas que participaram comigo, auxiliando-me com seus comentários, observações e informações durante toda a redação do livro, bem como por sua leitura crítica de várias partes do manuscrito.

A convivência e a troca em inúmeros congressos, seminários, aulas e discussões temáticas permitiram o despertar para a escrita deste texto e as questões básicas pesquisadas durante o projeto de Doutorado na Faculdade de Saúde Pública da USP, e que pelos estímulos recebidos geraram esta obra.

Face as constantes e aceleradas mudanças que os diferentes setores vêm sofrendo e que são irradiados para a área da Saúde, sabemos que se torna impossível pretender esgotar tão amplo campo de estudo e de atuação. Pretende-se com certeza, a sistematização de algumas idéias e observações a fim de mobilizar inquietações nos leitores e naqueles que atuam no segmento da Saúde.

Índice

Prefácio, 9

Introdução
Sobre a origem e a organização do Hospital, 13

Parte 1
O Hospital e suas funções, 17

Parte 2
As classificações hospitalares, 21
    O hospital no Brasil, 23
    Alguns apontamentos sobre o SUS, 27
    Reconstruindo a história da Qualidade, 31
    A Qualidade no Hospital, 40

Parte 3
A configuração da qualidade na área da saúde: influências e determinantes, 43

A informação como base para a inovação, 49
Ampliando o conhecimento sobre o cenário da Qualidade, 50
A nova concepção do trabalho e suas interfaces, 53
O caso do Instituto do Coração do Hospital das Clínicas, 56
As formas de avaliação, 60
Acreditação Hospitalar, 62
Joint Commission International – JCI, 67
Consórcio Brasileiro de Acreditação – CBA, 70
Manual Brasileiro de Acreditação Hospitalar - MBAH, 70
Certificação, 72
International Standard Organization – ISO, 72
Selo, 75
Controle de Qualidade Hospitalar – CQH, 75
Premiação, 77
Prêmio Nacional da Qualidade – PNQ, 77
Prêmio de Qualidade do Governo Federal – PQGF, 81
Prêmio Nacional da Gestão em Saúde - PNGS, 82
Da teoria à aplicação: a implantação da Qualidade em hospitais de São Paulo, 85
Análise das Etapas, 86
Entendendo as Respostas, 87
Ampliando olhares e criando possibilidades, 98
Considerações finais, 107

Referências bibliográficas, 111

Siglário, 118

Sobre a autora, 119

Prefácio

As organizações têm constantemente se transformado para poder gerir seus negócios. Muitos fatores vêm influenciando esta situação, mas, sem dúvida, a ampliação do espectro de prestação de serviços tem se tornado fator relevante, influindo nesta realidade.

Este cenário gera a necessidade das organizações se prepararem para enfrentar um ambiente competitivo, que afeta sua sobrevivência atual e futura. O aprendizado e a disseminação do conhecimento são compulsórios e também são os pilares para o crescimento e desenvolvimento das organizações. Deve-se buscar satisfazer o mercado quanto ao fornecimento dos serviços, condições de preço, prazo e qualidade cada vez melhores, antecipando-se às expectativas e necessidades dos clientes.

As organizações que assim atuam, reaprendem, inovam e oferecem novos serviços, a partir das informações obtidas e das solicitações identificadas. Este clima propicia a modernização das organizações, servindo para aprimorar suas gestões, fortalecendo-as e tornando-as referenciais umas para as outras, estimulando mercados abertos.

Dentre os diversos mecanismos de aperfeiçoamento, vinculados às estratégias e políticas organizacionais, será dado ênfase ao mapeamento de sistemas de Qualidade, como métodos de suporte às gestões.

O estabelecimento de valores claros e a definição da razão de ser da organização constituem a força central para o engajamento de todos. Para tanto, será necessário o desenvolvimento de métodos de trabalho e processos bem executados, voltados para a aprendizagem, refletindo a Qualidade inerente ao sistema. Estudos desta natureza são mais comuns em países americanos e europeus, que abordam a discussão das melhores práticas de Qualidade na saúde e seus indicadores, norteando caminhos mais adequados.

Dentre os diversos atores sociais envolvidos na prática das ações de Qualidade, procurou-se conhecer o ponto de vista dos gestores e profissionais da equipe de Qualidade que trabalham diretamente neste âmbito nas organizações e na prática destas ações, como sujeitos deste cenário específico.

O conhecimento das percepções e expectativas destes atores sociais influenciam e interferem na tomada de decisões sobre as políticas de Qualidade, e nas sistemáticas mais eficazes para a área da saúde e para aquelas adotadas pelas instituições pesquisadas.

A carência de estudos nacionais sobre esta temática, acrescido de seu espectro original e inovador no tocante a gestão de Qualidade, em instituição de saúde, foi o mote para esta pesquisa. Sua relevância social e científica se concretiza quando se verifica sua importância tanto para os gestores de saúde quanto para os usuários.

Em 1998, devido a este trabalho na área de Qualidade no InCor, a autora participou de uma missão de estudos em Chicago (EUA) a convite do Ministério do Planejamento do Governo Brasileiro. Para isso contou com o apoio da Diretoria Executiva do instituto.

O objetivo desta viagem foi o treinamento dos participantes na Joint Commission, visando conhecer esta proposta de trabalho, além de discutir sua adequação à realidade brasileira.

Também fez parte deste programa, visitas a alguns hospitais que aderiram ao uso deste método e estavam em fase de avaliação pelas equipes técnicas da Joint Commission. No retorno, pôde-se acompanhar a estruturação do Consórcio Brasileiro de Acreditação e a adaptação do manual da Joint Commission às necessidades brasileiras.

No ano de 1999, em contato com o Ministério da Saúde, a autora teve conhecimento da evolução do Manual Brasileiro de Acreditação Hospitalar – MBAH. A partir disso, realizou parceria com a Organização Nacional de Acreditação – ONA – para cooperar no desenvolvimento da aplicação deste instrumento. Tratou-se de um projeto abrangente, que envolveu as áreas do InCor contempladas neste instrumento. A auto-avaliação institucional proposta favoreceu que cada área fizesse seu auto-retrato, identificando assim seus pontos fortes e aqueles que necessitavam de melhoria. Estabeleceu-se parceria com os gestores deste processo, os quais tiveram participação direta na experiência, auxiliando nas diferentes etapas trabalhadas, desde a discussão do planejamento proposto, até a apresentação final dos resultados.

Após a realização deste piloto, a autora participou, com o Ministério da Saúde e ONA, da divulgação dos resultados desta prática em algumas capitais do Brasil. Tal processo fazia parte da intenção de ampliar a divulgação deste instrumento para os gestores de hospitais, das diferentes regiões do país. Internamente, no InCor, os resultados fizeram com que cada área investisse energia na superação daqueles pontos a serem melhorados, estabelecendo ações preventivas e corretivas.

Após este trabalho sistêmico, que envolveu grande parte do hospital, aconteceu o redirecionamento do foco das ações de Qualidade, as quais ficaram mais voltadas para áreas específicas.

A trajetória deste trabalho esteve permeada por desafios, pela constante ampliação do interesse e busca de conhecimento do tema. Estes fizeram surgir inúmeras questões inquietantes, dirigindo ao aprofundamento científico, visando conhecer a realidade de outras instituições de saúde que já vinham implantando programas de Qualidade.

Vivemos hoje em um mundo interligado, onde a rede de relações acontece de forma acelerada. Precisamos responder às novas demandas que se colocam em todas as áreas do conhecimento, esta realidade estende-se aos fenômenos sociais, econômicos, psicológicos, biológicos, ambientais e invade também a área da gestão das organizações.

Em nosso cotidiano aceitamos, rejeitamos, trabalhamos situações novas e outras já conhecidas, avaliamos pessoas, prevemos, porém freqüentemente o fazemos dentro de uma mesma perspectiva, dentro de uma mesma crença.

Pensar em como fazer diferente, em como propor novos olhares e novas possibilidades constitui o inquietante desafio desta obra ao questionar como seu objeto de estudo a Qualidade realmente pode oferecer mudanças para as instituições de saúde.

Parafraseando Miguel Angel Cornejo y Rosado, busca-se verificar se nossas Instituições de Saúde buscam a excelência, pois estar neste ponto significa que: "Ser excelente é compreender que a vida não é algo que se receba pronto, mas, sim, que temos de produzir as oportunidades para se alcançar o êxito. Ser excelente é traçar um plano e alcançar os objetivos desejados, apesar de todas as circunstâncias. Ser excelente é reclamar consigo mesmo para o desenvolvimento pleno das próprias potencialidades buscando incansavelmente a realização".

Introdução

Sobre a origem e a organização do Hospital

Os hospitais são instituições prestadoras de serviços de grande importância social, possuindo alta complexidade e peculiaridade, onde mesmo a prática da Qualidade adquire caráter diferencial.

Conhecer a história, a evolução e o funcionamento dos hospitais, permite delinear o cenário em que se configuram as ações da Qualidade. A história dos hospitais e da medicina se desenvolveram paralelamente, contudo o início da primeira é cronologicamente muito mais recente.

A palavra *HOSPITAL* deriva da forma latina culta *hospitale*, que significa "relativo a hóspede e hospitalidade"; a palavra latina *hospes*, hóspede, originou as palavras *hospitalis* e *hospitium*, que designam o local onde se abrigavam na Antigüidade os enfermos, viajantes e peregrinos, além de significar estabelecimento que se ocupava dos pobres, incuráveis e insanos, originando a palavra hospício.

Nosocômio, sinônimo de hospital, tem origem na palavra grega *nosocomium* que significa "lugar para tratar doentes, ou asilo de enfermos". Na história encontram-se citações do tipo: *nosodochium*, lugar para receber doentes; *ptochotrophium*, asilo para pobres; *poedotrophium*, asilo para crianças; *xenotrophium*, asilo e refúgio para viajantes e estrangeiros; *gynetrophium*, hospital para mulheres, e; *gerontokomium*, asilo para velhos.

As civilizações antigas, da Índia e do Egito, tiveram formas primitivas de instalações hospitalares. A literatura hindu relata que, no século VI a.C., Buda nomeou um médico para cada dez vilas construindo hospitais para os aleijados e pobres. O exemplo levou seus seguidores a erigirem hospitais semelhantes, apesar de serem escassos os registros históricos de similares construções. No Sri Lanka assinala-se a existência de hospitais cinco séculos antes de Cristo.

Na Índia, por volta de 273-232 a.C., existiu uma das mais proeminentes instalações hospitalares da Antigüidade, construída pelo rei Asoka e constituída por 18 instituições. Nestas, os atendentes eram instruídos a dar tratamento carinhoso aos pacientes, servir-lhes frutas e vegetais frescos, massageá-los, mantê-los limpos e preparar medicamentos.

Nas civilizações grega e romana, os templos serviam como hospitais, impregnados pelo clima de misticismo e superstição característicos da época. Em muitos "templos-hospitais" colocavam-se os doentes à frente das estátuas dos deuses, para que a ação dos sonhos associada aos medicamentos empíricos, preparados pelos sacerdotes, pudessem efetivar a cura. Um templo de Epidauro ficaria famoso na história por esses aspectos 'hospitalares': nele os doentes eram atendidos, tanto em suas necessidades corporais como espirituais. Inscrições nas colunas deste templo podem ser consideradas como as primeiras manifestações de registros clínicos de pacientes.

Com as contribuições de Hipócrates (460-351 a.C.), ilustre médico da Antigüidade, os templos passaram a assumir, mais acentuadamente, as características dos hospitais, iniciando ali a observação clínica dos pacientes apoiada mais nos fatos do que na fé. Ele ensinava que só é possível conhecer o corpo humano através do conhecimento integral do homem, constituído como unidade viva, regulada e harmonizada pela natureza individual.

Na Era Cristã, os hospitais católicos passaram a constituir parte relevante no cenário das Instituições Eclesiásticas. Um decreto do ano 355 do Imperador Romano Constantino, ordenou o fechamento das instituições médicas pagãs de origem grega, estimulando ao mesmo tempo a criação de hospitais cristãos.

Durante a Idade Média, a religião católica continuou exercendo influência dominante nos hospitais. Nestas instituições, puramente eclesiásticas, a cura não era uma meta a ser atingida, sendo apenas a alma do doente merecedora de socorro. Neste contexto a cirurgia e a dissecação eram consideradas atos sacrílegos.

O Concílio de Viena no século XIV estabeleceu que a cura do corpo caberia aos leigos e a da alma aos religiosos. O Renascimento, no século XV, trouxe um novo impulso cultural à Europa, reativando a cirurgia e a Medicina, proporcionando o desenvolvimento de estudos como o da Anatomia. Os hospitais foram substituídos por hospitais municipais, futuros centros onde floresceriam grandes nomes da Medicina.

No século XVIII e na primeira metade do século XIX, começaram a surgir os grandes hospitais, construídos sob a influência das escolas e universidades. Nessa época, tanto na Europa como nos EUA, as condições de higiene e assepsia eram muito precárias. Os cirurgiões incentivavam a supuração das feridas (eliminação do pus) operatórias como um mecanismo facilitador da cura, contribuindo para que a atmosfera hospitalar se tornasse irrespirável devido a quantidade de agentes infecciosos no ambiente, resultando na elevação da mortalidade pós-operatória acima de 90%.

Este quadro se reverteu na segunda metade do século XIX, com as contribuições de Pasteur, Koch e Lister, que comprovaram a importância de uma assepsia rigorosa na prevenção de infecções. Hoje, a consciência da necessidade do uso da água, sabão, escova e anti-sépticos está implícita no trato das doenças.

Os avanços tecnológicos e o aparecimento da medicina científica no fim do século XIX e início do século XX revolucionaram o papel e as funções do hospital. Isto o transformou em uma instituição para tratamento cada vez mais especializado das diversas doenças e oferecendo condições de infra-estrutura ao médico para o melhor atendimento ao paciente.

O primeiro hospital construído na América foi o *Hospital da Puríssima Conceição*, fundado por Hérnan Cortés em 1524 na Cidade do México. Em 1639, em Quebec (Canadá), foi fundado pela duquesa d'Aguillon o *Hôtel-Dieu-du-Précieux-Sang*.

O hospital norte-americano pioneiro foi edificado no ano de 1663, na ilha de Manhattan, destinado ao atendimento de soldados feridos, e leva o nome da cidade. Em 1736, foi fundado na Luisiânia o *Charity-Hospital*. Sob influência do Dr. Thomas Bond e de Benjamin Franklin o *Philadelphia General Hospital*, foi fundado em 1755. *O New York Hospital* foi construído em 1771, por iniciativa privada, e o *Massachusetts General Hospital*, em Boston, foi inaugurado em 1811.

Historicamente, o hospital sofreu mudanças em várias direções. Sociologicamente, para tornar-se fonte de esperança de restabelecimento de vida, por meio das inúmeras possibilidades de tratamento que passam a ser estudadas, desenvolvidas e aplicadas. Legalmente, o hospital assume responsabilidade principalmente pela qualidade dos cuidados que presta. Além disto, ocupa lugar privilegiado pelo desenvolvimento da medicina, resultando na melhoria da condição de vida dos usuários.

Criou-se, portanto, um paradigma que aos poucos foi se instalando como o novo mecanismo de funcionamento do instrumento de saúde. Nesse contexto, o hospital exibe de forma inovadora um conjunto de finalidades: prestação de atenção médica ao doente e à sua comunidade, de modo integral; promoção e preocupação com ensino e pesquisa.

O cenário hospitalar moderno destaca-se por enfatizar mais as relações humanas, do que aspectos técnicos e mecânicos. Apesar desta busca, ainda mantém-se como uma organização burocrática, com regras e regulamentos para o controle do comportamento e do trabalho. O caráter de uma organização funcional-racional-burocrática marcam a dinâmica deste segmento da saúde.

Parte 1

O Hospital e suas funções

A Organização Mundial de Saúde, em seu Relatório número 122 de 1957, esclarece que: "O hospital é um elemento de organização de caráter médico-social, cuja função consiste em assegurar Assistência Médica completa, curativa e preventiva à determinada população e cujos serviços externos se irradiam até a célula familiar considerada em seu meio; é um centro de medicina e de pesquisa biossocial".

Apesar desta definição ter quase cinqüenta anos, ela não tem sido aplicada ao hospital ao longo de sua história, já que não cumpre a complexidade de atribuições que lhe são pertinentes, centrando-se em parte no cumprimento de sua vocação assistencial, porém ainda ocorre um vácuo quanto a extensão de suas ações, por exemplo na abordagem da família. No entanto, no decorrer de sua evolução pode-se evidenciar acontecimentos importantes como o aprimoramento da fisiopatologia (ciência das mudanças das funções fisiológicas, causadas pela doença) da etiopatogenia (estudo das causas das doenças ou do seu desenvolvimento).

Mais recentemente, o conhecimento sobre agentes microbianos e mecanismos imunológicos permitiram novas evoluções no quadro da saúde, principalmente desenvolvendo programas de natureza preventiva. Os hospitais pouco participaram desta conquista, pois durante toda sua evolução e até mesmo nos dias de hoje, prevalece o olhar das ações a serem efetuadas neste nível, com ênfase na doença já instalada e não em aspectos preventivos. A predominância deste pensar e agir dentro do sistema de saúde faz perpetuar equívocos na atuação. Isto gerou como conseqüência, uma divisão no aparelho assistencial para com a saúde da população.

As atividades de natureza curativa ficaram destinadas aos hospitais públicos ou privados, e as de natureza preventiva acabaram por gerar os conceitos básicos de Saúde Pública.

Por algum tempo, esse quadro acabou limitando o escopo da atuação da medicina curativa e a preventiva. Contudo, essa divisão artificial vem sendo superada, uma vez que todos os organismos que atuam no processo de atenção à saúde vêm percebendo a importância e a positiva contribuição que existe na formação de um sistema integrado, capaz de dividir as atividades e distribuir as responsabilidades de maneira racional. Vislumbra-se, então, um novo momento de evolução dos hospitais, o da *medicina integral*, cujo atendimento busca abranger desde a prevenção até a reabilitação do paciente e de toda a população, nesta prática destacam-se as ações: *restaurativa, preventiva, educativa, pesquisa* e *integração*.

A função restaurativa compreende o diagnóstico (em ambulatório e internação), o tratamento de doenças, seja de forma curativa, paliativa, por procedimentos médicos, cirúrgicos ou especiais, a reabilitação física, mental e social e o atendimento de emergência.

A segunda função refere-se ao desenvolvimento de atividades de natureza preventiva, incluindo: supervisão da gravidez e do nascimento, do crescimento normal e do desenvolvimento da criança e do adolescente; controle das doenças contagiosas; prevenção das doenças prolongadas, invalidez física e mental; educação sanitária; saúde ocupacional e higiene no trabalho.

A função educativa envolve aspectos do ensino médico, vinculado à idéia de hospital universitário, tendo enorme importância em promover conferências, cursos, palestras, seminários, ou qualquer atividade que qualifique e recicle tal ensino, além disso, também representa a participação em programas de natureza comunitária, cujo objetivo é atingir o contexto sócio-familiar dos doentes atendidos. A educação sanitária, além de preventiva é educativa pois, aprimora a cultura do povo, uma vez que a higiene e o saneamento são fundamentais para a qualidade da saúde e da educação.

Vale ressaltar que todos estes programas também devem ser destinados aos colaboradores da instituição – também denominados clientes internos – por fazerem parte da comunidade e poderem se tornar ótimos multiplicadores das orientações recebidas.

A última função dos hospitais diz respeito à participação no desenvolvimento de pesquisa em todos os terrenos de sua atividade, testando e aplicando técnicas para o seu desenvolvimento e para o progresso da sociedade poderia explicar ou explorar mais este tema. Com isso, proporciona a formação de uma consciência e mentalidade voltada para a indispensável coordenação dos recursos potenciais.

Parte 2

As classificações hospitalares

A classificação hospitalar também sofreu mudanças e se desenvolveu ao longo do tempo. Na atualidade, existem diferentes categorias que definem tipos distintos de Instrumentos de Saúde, apresentadas a seguir:

Quadro I
Quanto à natureza da assistência

Tipo	Definição
Geral	Atende doentes de várias especialidades
Especializado	Atende portadores de doenças específicas ou predominantes

Quadro II
Quanto à propriedade, manutenção e controle

Governamentais	Particulares
• *Federais*: das Forças Armadas, Assistência Pública e Universidades	• *Filantrópicos*
• *Estaduais*: de Saúde Pública, Universidade, Polícia e outros	• *De fins lucrativos*
• *Municipais*: dos Municípios	• *Sem fins lucrativos*
• *Para-Estatais*: de Institutos	

Quadro III
Quanto ao procedimento do corpo clínico

Tipo	Definição
Fechado	Possuem um corpo clínico efetivo, que executa todo o serviço médico, onde os médicos estranhos só podem participar em casos especiais ou por cortesia
Aberto	Não dispõe de corpo clínico efetivo e qualquer médico pode exercer sua profissão e tratar de doentes particulares
Misto	Associação das duas formas descritas anteriormente

Quadro IV
Quanto ao tempo de estadia

Tipo	Definição
Curta permanência	Período médio de permanência inferior a 15 dias (hospitais gerais)
Longa permanência	Período médio de permanência superior a 15 dias

Quadro V
Quanto ao aspecto arquitetônico

Tipo	Definição
Basilical	Em forma de catedral
Cruciforme	Em forma de cruz
Palaciano	De forma quadrada ou em U

Quadro VI
Quanto ao sistema de edificação

Tipo	Definição
Pavilhonar	Constituídos de várias edificações
Monobloco	Bloco único
Misto	Combinam blocos e pavilhões
Verticais	Vários pavimentos
Horizontais	Blocos dispostos, predominantemente em superfície

Quadro VII
Quanto à capacidade de ensino

Tipo	Definição
Hospital de ensino	Tipo grande, com todas as especialidades clínicas com funções de coordenação dos serviços médico-hospitalares de uma zona, e de aperfeiçoamento profissional. Inclui atividades de ensino médico, escolas-médicas e pode ter ou não ter residência médica regulamentada

Quadro VIII
Quanto ao tipo de zoneamento

Tipo	Definição
Unidade sanitária	Pequeno, com aproximadamente 40 leitos, assistência médica, cirúrgica, obstétrica e de emergência, e com desenvolvimento de programas de saúde pública
Comunitária	Aproximadamente 100 leitos, com assistência médica, pediátrica, cirúrgica, obstétrica e de emergência, e com encargos de saúde pública
Regional ou distrital	Aproximadamente 250 leitos e com todas as especialidades clínicas
De base	Mais de 250 leitos e com todas as especialidades clínicas, com funções de coordenação dos serviços médico-hospitalares de uma zona, e de aperfeiçoamento profissional
De ensino médico	Igual ao de base, incluindo as atividades de ensino médico, escolas médicas

O Hospital no Brasil

No Brasil, do início da colonização ao final do Império, os encargos maiores com a saúde sempre couberam às Instituições mantidas por Irmandades religiosas católicas, com destaque para as Santas Casas de Misericórdia, que realizavam o atendimento assistencial dos enfermos. Foram trazidas pelos padres jesuítas no processo de catequização dos índios. Fundadas em Portugal no século XVI para o atendimento assistencial dos enfermos, as Santas Casas foram os primeiros hospitais brasileiros. Sua localização inicial foi em Santos, em 1543 sendo o segundo Hospital das Américas. Ao final do século XVI já havia em cada capitania um hospital sustentado pela Irmandade. (ASSIS & TEIXEIRA, 2001)

A forte presença da Igreja na sociedade através das Santas Casas, afirmam que a Medicina e a religião estiveram ligadas desde tempos remotos, misturando conceitos, mitos, símbolos, rituais e experimentos. Apesar do poder público manter algumas estruturas de serviços de saúde, a cargo de clínicos e cirurgiões, a população podia recorrer praticamente só às Misericórdias para tratar de seus doentes. Em São Paulo, a Santa Casa funcionou desde o final do século XVI. Apesar de não se saber ao certo a data de sua fundação, alguns documentos relacionados a doações e atas da Câmara paulistana datam entre 1562 e 1608. Manteve-se como principal ou única instituição hospitalar permanente da cidade até a segunda metade do século XIX, quando começaram a surgir os primeiros hospitais privados ligados às comunidades de imigrantes estrangeiros.

Em 1742, quatro casas foram adaptadas para funcionar como hospital da Santa Casa, ao lado da igreja da Misericórdia, no centro da cidade paulistana. Entretanto, com o tempo, as acomodações tornaram-se insuficientes, passando, em 1775, a encaminhar seus doentes para o Hospital Militar.

Em 1826 foi inaugurado o novo Hospital da Santa Casa em São Paulo, iniciando-se nesse período o atendimento às crianças abandonadas na Roda dos Expostos, que corresponde a um dispositivo de origem medieval, italiano, utilizado para que os bebês enjeitados pudessem ser lá deixados para receberem assistência. Essas crianças eram cuidadas desde o aleitamento, feito por amas contratadas, sendo que o atendimento prestado para elas se estendia até a maioridade; manteve-se em atividade até 1950.

Na segunda metade do século XIX, a Santa Casa de São Paulo tornou-se pequena pelo aumento da quantidade de enfermos, que recorriam aos seus serviços. Suas instalações tornaram-se precárias e, por isto, foi inaugurado um novo prédio em 1884, visando o atendimento da demanda que a procurava.

A Santa Casa de Misericórdia de São Paulo tornou-se a responsável pela maior parte da assistência pública nas situações de crise, como as epidemias e revoluções ocorridas no final do século XIX e início do século XX.

De 1850 a 1900 só no Rio de Janeiro, a maior cidade do país, morreram quase 60 mil pessoas nos surtos de febre amarela, varíola, tifo, malária e cólera. Havia péssimas condições de moradia, de poder sócio-econômico e quase inexistia serviços públicos de água e saneamento básico nas cidades e povoados. Nesta época, ainda não havia a disseminação preventiva na população das vacinas contra epidemias e endemias. Os ricos beneficiavam-se de sua condição abandonando a cidade e refugiando-se nos campos, onde o ar e qualidade de vida era mais saudável. Quando necessário, preferiam ser tratados em casa, por médicos particulares. Os pobres recorriam aos precários nosocômios, a tratamentos caseiros, a rezas de curandeiros e manipulações dos boticários. Ambas as classes ainda sofriam com os poucos avanços na medicina e da saúde pública.

No final do século XIX a doutrina microbiana revolucionava a ciência. Pôde-se melhorar significativamente o padrão de saúde da população. O Brasil, embora com resistências, começava a incorporar as práticas de higiene e saúde pública adotadas na Europa e em outras partes do mundo.

Da Europa chegavam os novos conceitos e métodos terapêuticos desenvolvidos por Pasteur (1822-95) e seus colaboradores a partir da bioquímica das infecções. O advento dos microscópios e as análises laboratoriais estavam permitindo descobrir os microorganismos responsáveis por essas doenças, conhecer os vetores da sua difusão e aprender a combatê-los preventivamente com o saneamento urbano e a vacinação coletiva.

Na virada do século, a medicina moderna, de base científica e experimental e de abrangência social mais ampla, aportava no Brasil, trazendo uma nova visão de saúde pública. Além dos serviços médico-hospitalares curativos e preventivos, ela incluía agora as reformas urbanas, os serviços de saneamento e as campanhas de informação sobre hábitos de higiene, alimentação, lazer e vida saudável. Institutos de pesquisa, laboratórios, hospitais e postos de saúde seriam daqui por diante, ao lado do tratamento da água, os instrumentos básicos das políticas públicas para a saúde da população.

A sociedade brasileira, de fato, buscava novos caminhos, e a instalação da República em 1889 confirmou isso. Em relação à saúde pública, os primeiros governos republicanos deram mostras de que a presença do Estado no combate às enfermidades endêmicas e epidêmicas seria maior e mais constante. Surgiram, no âmbito federal e estadual, diretrizes e planos detalhados de luta contra as doenças, tanto para preservar a saúde da população quanto para apagar a péssima imagem do país no exterior.

A dedicação intelectual e profissional de médicos, cientistas, sanitaristas foi notável, destacando Oswaldo Cruz, Carlos Chagas, Vital Brasil, Emílio Ribas e Adolfo Lutz. Os resultados deste trabalho eram visíveis, porém lentos, e a adesão ao tratamento também demorada.

Em diversas cidades brasileiras, sobretudo nas capitais, várias das iniciativas para a criação de instituições médico-hospitalares brotaram no meio das chamadas colônias estrangeiras. Eram comunidades de imigrantes portugueses, italianos, ingleses, franceses, sírios, libaneses, alemães, norte-americanos e outras que se mobilizavam para criar entidades e beneficências para seus associados e para a população em geral.

O empenho das comunidades estrangeiras no país ajudava a mudar o perfil das cidades. Escolas, hospitais, clubes e outras instituições foram fundadas pela iniciativa e trabalho voluntário de imigrantes. Este cenário evolui e acompanha as extensas transformações do campo médico na história de São Paulo e que se reflete nas instituições hospitalares.

Os hospitais brasileiros constituíram-se em espaços influenciados pela experiência social. O Hospital das Clínicas representa a confluência da história do ensino médio, da produção do conhecimento e da perspectiva de melhores e mais amplos locais de atenção à saúde da população.

Quando da inauguração de suas obras, em 10 de outubro de 1938, o médico Adhemar Pereira de Barros, então governador, profere o seguinte discurso "... a adoção, entre nós, do sistema de internatos mundialmente reconhecido hoje como a melhor organização para a formação de especialistas". Valorizou também a criação do Hospital como local de atendimento, dizendo: "Não foi somente uma razão pedagógica que me levou a autorizar a construção do Hospital das Clínicas. Foi também um imperativo social: solução da crise nosocomial do nosso Estado... E o Hospital das Clínicas, com capacidade para cerca de 1.000 leitos, representa incontestavelmente um valioso auxílio para a solução do magno problema de assistência hospitalar aos necessitados".

Atualmente, o maior centro hospitalar do Brasil é o Hospital das Clínicas da Faculdade de Medicina da Universidade de São Paulo, cuja construção teve início em 1938 e término em abril de 1944. No Rio de Janeiro funciona desde 1946 o Hospital dos Servidores do Estado, com 600 leitos.

Em virtude de uma boa arrecadação da Seguridade Social na década de 70, houve mudanças dentro da estrutura de atendimento previdenciário. Inicialmente caracterizou-se a fusão de diversos Institutos, sob a denominação de Instituto Nacional de Previdência Social, INPS, mais tarde substituído pelo Instituto Nacional de Assistência Médica da Previdência Social, INAMPS.

Assinala-se que na década de 70 existiram várias outras tentativas de universalizar o acesso aos cuidados de saúde, como o PIASS, Programa de Interiorização à Assistência à Saúde e Saneamento, o PREV-SAÚDE, o PAIS, Programa de Ações Integradas de Saúde, e finalmente o SUDS, Sistema Único e Descentralizado de Saúde.

Na organização sanitária brasileira, até a década de 80, surgiram diversas instituições prestadoras de cuidados de saúde e observou-se forte dicotomia entre as práticas de promoção e prevenção de saúde e a medicina chamada curativa.

Dentro desta organização, era de responsabilidade do Ministério da Saúde no âmbito federal: os programas referentes à atenção básica, o atendimento às emergências, programas de Saúde Materno-Infantil e o controle de processos infecto-parasitários de maior prevalência ou gravidade, por exemplo, Hanseníase e Malária. Era de responsabilidade das Secretarias estaduais e municipais, com o apoio do Ministério da Saúde, elaboração e condução de programas educacionais e atividades de imunização.

A Previdência Social oferecia atendimento aos seus assegurados em Postos de Assistência Médica e Hospitais da Previdência, sendo que o setor privado atuava, principalmente, na área hospitalar, fazendo interface com a previdência e atendendo os casos particulares.

Alguns apontamentos sobre o SUS

Na década de 90, ocorreu a mudança da vinculação do INAMPS com o Ministério da Previdência e Assistência Social – MPAS – para o Ministério da Saúde – MS – precursor do Sistema Único de Saúde – SUS.

O movimento da Reforma Sanitária teve como expoente a 8.ª Conferência Nacional de Saúde, em 1986, onde se legitimou a definição do Sistema Único de Saúde, representando o evento mais significativo em termos de debate da política de saúde já acontecido na história do Brasil, pois possibilitou a participação de todos os segmentos da sociedade brasileira e estabeleceu princípios e diretrizes que posteriormente formaram a base do Capítulo da Saúde na Constituição Federal de 1988.

Antes desta data, o acesso aos serviços de saúde não era universal, sendo que o atendimento gratuito era prestado apenas em alguns hospitais estatais e universitários, instituições filantrópicas, ou em postos e hospitais de institutos de previdência para seus associados. Dessa forma, o intuito da criação do SUS visava a integração das ações e serviços de saúde na perspectiva de um sistema único, como o próprio nome explicita.

Os princípios norteadores que compõem o SUS são:
- Universalização do atendimento.
- Eqüidade no acesso.
- Integralidade dos serviços e ações de saúde.

As diretrizes de organização do SUS são:
- Descentralização: os municípios são os principais administradores.
- Participação da comunidade através de conselhos de saúde.
- Atendimento integral: promoção, prevenção, cura e reabilitação.

Para isso ocorrer, pressupõe-se que haja:
- Comando único em cada esfera de governo.
- Regionalização e hierarquização da rede de serviços.
- Papel complementar da rede privada na cobertura assistencial.

A hierarquia traçada pelo sistema é regida pelo modelo da pirâmide, baseado no sistema nacional inglês de saúde no qual a assistência é dividida em três grandes eixos. Na base está a atenção primária voltada para a promoção, prevenção de saúde e as doenças mais corriqueiras, seguida pela secundária que tem como foco o atendimento das especialidades básicas e no pico a atenção terciária, que atende as situações de maior complexidade, conforme Figura 1.

Figura 1: Hierarquia do Sistema Único de Saúde.

Fonte: BONATO, V.L., 2003. Programas de Qualidade em Hospitais do Município de São Paulo. Tese de Doutorado apresentada ao Departamento de Prática em Saúde Pública da Faculdade de Saúde Pública da Universidade de São Paulo para obtenção de Grau de Doutor.

A Lei Orgânica da Saúde 8.080 do ano 1990 dispõe sobre as condições para a promoção, proteção e recuperação da saúde, organização e funcionamento dos serviços, enquanto a Lei 8.142 dispõe sobre a participação popular, pelas Conferências e dos Conselhos de Saúde (www.saude.pr.gov.br).

Para que o Sistema Único de Saúde fosse devidamente implementado, passou-se a editar Normas Operacionais Básicas - NOB. A NOB 01/91 deu início à descentralização, bem como a implantação dos Conselhos e Fundos Estaduais e Municipais de Saúde. Manteve os Municípios limitados ao papel de prestadores de serviços, recebendo recursos mediante a fatura de procedimentos, conforme a mesma tabela aplicada pelos serviços contratados.

Para definir mais claramente o papel e as responsabilidades do gestor, foi editada a NOB 01/93, que estabeleceu as condições de gestão tanto para a esfera estadual, quanto municipal.

A NOB 01/96, além de ampliar o processo de transferência de recursos, trouxe uma nova proposta de financiamento do Sistema, que passou, no caso da Atenção Básica, a utilizar o critério *per capita* e de responsabilidade do gestor pelas ações básicas de saúde em cada município.

O financiamento do SUS é de responsabilidade dos governos Federal, Estadual e Municipal. Uma das dificuldades que se apresenta para a eficaz implantação desse sistema é a questão da distribuição adequada das verbas necessárias, e da colaboração efetiva, por parte dos governos. Os recursos aplicados têm sido insuficientes para atender os princípios da universalidade e integralidade.

Na tentativa de subsidiar o SUS, ou alimentar o orçamento busca-se realocar recursos. Assim a criação da CPMF, operando como fonte substitutiva, permitiu a regularização do fluxo dos recursos ao longo dos exercícios financeiros. A instituição do Piso de Atenção Básica também permitiu o repasse fundo a fundo de recursos destinados às ações e serviços básicos, feitos com critérios assentados em bases populacionais.

O Piso de Atenção Básica (PAB) consiste em recursos financeiros destinados a investimentos de procedimentos e ações de assistência básica, tipicamente municipal. A parte fixa do PAB contempla ações de saúde bucal, vigilância sanitária, vigilância ambiental, farmácia básica e assistência básica, entre outras. As ações de assistência básica incluem vacinação, pequenas cirurgias, consultas, primeiros atendimentos de urgência, etc. A parte variável do PAB reúne incentivos para programas de agentes comunitários de saúde e saúde da família, assistência farmacêutica básica, programa de combate às carências nutricionais e ações básicas de vigilância sanitária.

Isto introduziu importante elemento de redução de desigualdades na distribuição dos recursos federais, permitindo aos gestores iniciar um processo de reorganização da rede de serviços.

Mesmo buscando alternativas de reajuste financeiro, a manutenção do SUS enfrenta dificuldades referentes à **crescente evolução científica e tecnológica, que eleva cada vez mais o volume de recursos aplicados**, desequilibrando a relação de custos com os procedimentos, feitos cada vez mais em maior quantidade.

Observa-se atualmente que as instituições públicas de saúde suportam a demanda que seria atendida pelos mecanismos privados de saúde – usuários de Planos e Seguros Privados de Saúde –, gerando para o sistema público gastos não ressarcidos, além de sobrecarregar-se com imensas filas no aguardo da assistência.

Este fato acaba por aumentar os gastos públicos, inclusive pelo agravamento do quadro daqueles pacientes que demoram para serem tratados durante o atendimento. Por essa razão, encontram-se em condições mais graves, exigindo tratamentos mais complexos e, portanto mais caros.

Atualmente a última medida tomada na tentativa de minimizar os problemas com o mecanismo de financiamento do Sistema Único de Saúde encontra-se na Emenda Constitucional 29/2000.

De acordo com esta emenda, desde 2001, nenhum Estado ou Município pode gastar menos de 7% de sua receita líquida com a Saúde. Sendo que no período de 2001 a 2005, os Estados são obrigados a aumentar progressivamente seus gastos de 7% para 12%, e os Municípios de 7% para 15%.

Ainda que não represente a forma ideal desejada pelo setor, cria horizontes mais favoráveis quanto aos montantes destinados à saúde e coloca desafios para o controle social quanto ao melhor e mais adequado destino dos recursos acrescidos. As principais restrições à Emenda Constitucional 29/00 estão associadas ao fato de não vir acompanhada de uma regulamentação imediata que garanta significativo aumento dos recursos na área da saúde, principalmente pelas indefinições sobre o que será admitido como gastos em ações e serviços de saúde (www.saude.pr.gov.br).

Reconstruindo a história da Qualidade

As indagações sobre Qualidade se iniciam quando procura-se compreender as diferentes concepções nela envolvidas.

A questão da Qualidade é antiga, tomando tempo dos filósofos em suas discussões conceituais sobre o homem no mundo. Permeia a ética, a moral e a religião, no tocante aos atributos que levam o homem à perfeição, qualificando-o.

No mundo industrializado de hoje, com múltiplas áreas de produção de bens e serviços, esta questão deixa de ser apenas filosófica, passando a ser caráter de sobrevivência econômica das empresas produtoras de bens e prestadoras de serviços.

Pode-se dizer que Qualidade compreende um conjunto de características relativas a determinado produto ou serviço, ou a um indivíduo, ou a um grupo deles.

A Qualidade é tudo aquilo que agrega valor ao nosso trabalho ou às nossas relações. Está diretamente ligada à produtividade da instituição, envolvendo o relacionamento humano e o desenvolvimento profissional e pessoal.

No hospital, pode-se avaliar características que definem a Qualidade: de produtos – radiografias, exames de laboratório, refeições, etc.; de serviços – psicologia, serviço social, financeiro, etc., e de grupos de indivíduos – médicos, enfermeiros, pessoal de apoio, etc., configurando desta forma um "nível de Qualidade do hospital".

As bases para a construção de uma "Teoria da Qualidade em Saúde", tem como principal expoente Avedis Donabedian. Com uma vertente metodológica distinta da utilizada na administração empresarial, o autor demonstra em seus estudos que a qualidade dos serviços médicos, hospitalares e de saúde transita por três macrovertentes ou fundamentos operacionais: estrutura, processo e resultados, explicados a seguir:

- **Estrutura** – trata do número de especialistas, adequação da área e estrutura física, seguindo determinados padrões, manutenção e atualização de registros médicos e não médicos, etc. Compreende características referentes aos tipos de serviços prestados, entre eles: recursos materiais, tais como instalações, equipamentos e dinheiro; recursos humanos, como número e qualificação do pessoal; estrutura institucional, tal como a organização do pessoal médico, métodos para avaliação de colegas e métodos de reembolso.
- **Processo** – avalia como os cuidados são prestados. Exemplos: número de encaminhamentos para especialistas; tempo de espera para marcação de consultas; e número de exames. Inclui ainda, o processo que se realiza para prestar e receber serviços, as ações com o paciente que solicita atenção médica e as ações do profissional para apresentar um diagnóstico, recomendar ou instrumentalizar o tratamento.
- **Resultados** – obtidos através dos indicadores. Inclui, entre outros, taxa de infecção hospitalar, e compreendem os efeitos da atenção para o estado de saúde dos pacientes e população.

DONABEDIAN (1980), o grande líder mundial da Qualidade em saúde, diz que:

- "Há muitas definições ou muitas variáveis de uma só definição de Qualidade, e cada uma é legítima no seu contexto apropriado" (p. 132);
- "A Qualidade na atenção médica consiste na obtenção dos maiores benefícios com os menores riscos para o paciente, e ao menor custo" (p. 140).

O embrião do moderno controle estatístico da Qualidade surgiu em 1930, nos Estados Unidos, com a aplicação industrial do gráfico de controle estatístico da Qualidade, inventado pelo Dr. WA Shewhart da empresa Bell Laboratories, proporcionando uma produção quantitativa e qualitativamente satisfatória (ISHIKAWA, 1997).

A II Guerra Mundial foi o grande laboratório para utilização do gráfico de controle pelas indústrias norte-americanas que, premidas pela necessidade de produção em massa de suprimentos militares, não tinham tempo para se reorganizarem. Ela foi vencida, também, graças a utilização do controle estatístico de Qualidade nas linhas de produção dos aviões e das bombas utilizadas pelo exército aliado.

O movimento da Gestão pela Qualidade Total tem seu início no Japão do pós-guerra (1951), com as missões de cooperação internacional para a reconstrução do país, nas quais alguns cientistas norte-americanos se engajaram, entre eles Deming e Juran (DEMING, 1990).

O Japão tomou conhecimento dessa tecnologia para controle da Qualidade durante o período que antecedeu a guerra e, imediatamente, traduziu para o idioma japonês suas descobertas, deslocando um número significativo de especialistas para estudá-las mais profundamente. Porém, estes acabaram expressando seus trabalhos numa linguagem matemática de difícil entendimento, acabando por impedir sua aceitação popular (ISHIKAWA, 1997).

Quando derrotado na II Guerra Mundial, o Japão teve suas indústrias destruídas, não havendo mais comida, roupa e moradia para a população. Este era o retrato de um país ocupado pelos EUA, frente a sérios obstáculos técnicos ligados à infra-estrutura de telecomunicações. O sistema de telefonia japonês falhava muito acima daquilo que poderia ser considerado como normal. O telefone não era uma ferramenta de comunicação confiável e isto dificultava a ação do exército norte-americano no território japonês (ISHIKAWA, 1997).

A indústria japonesa apresentava produtos de baixo nível de qualidade e confiabilidade. A partir dessa constatação, as forças de ocupação ordenaram que a indústria japonesa de telecomunicações passasse a utilizar controles estatísticos de Qualidade e, em paralelo, educaram e treinaram os trabalhadores japoneses em cursos de estatística básica, com o apoio de especialistas norte-americanos.

A literatura disponível estabelece o ano de 1946 para o início do controle de Qualidade no Japão. Seus resultados foram tão surpreendentes que aquele método se espalhou rapidamente pela indústria japonesa. Desse modo, o Japão incorporou os primeiros conceitos de Qualidade que, ironicamente, serviram para que o 'exército empresarial japonês' ocupasse o mercado norte-americano a partir da década de 70, não pelo uso da força, mas da competência (ISHIKAWA, 1997). Esta cristalizou-se pela busca incessante da Qualidade, palavra muito utilizada atualmente, mas que esconde algumas armadilhas que podem ser evitadas quando se busca o seu real significado.

Com a finalidade de traçar um panorama com as idéias dos mais conceituados pensadores da Qualidade contemporânea, segue alguns conceitos por eles formulados.

JOSEPH JURAN, engenheiro e advogado, contribuiu decisivamente no movimento japonês em prol da Qualidade. Organizou os temas de forma rigorosa, formulou conceitos claros, descreveu seus métodos de forma nítida e destaca-se por um posicionamento mais 'científico'. Sugere que a Qualidade deve ser planejada estrategicamente com metas de curto, médio e longo prazo. Dá ênfase aos termos cliente interno e externo.

Sugere princípios filosóficos e propõe tarefas concretas de organização, responsabilidade e recompensas com base em resultados alcançados.

Criou a "Trilogia Juran – Planejamento, Controle e Melhoria" como instrumento de implementação de processos de Qualidade, definindo etapas como: estabelecimento e avaliação de metas e planos; ações corretivas, se necessário; melhorias contínuas e inovações constantes.

"Qualidade é a satisfação do cliente e a ausência de deficiências."

"(...) Algumas pessoas pensam que um hotel que cobra mais, é melhor do que outro que cobra menos" (JURAN 1990, p.16).

Embora seja esperado um serviço de melhor Qualidade de quem cobra mais, nem sempre isto ocorre, porque preço alto não é sinônimo de qualidade.

PHILIP CROSBY, técnico em Qualidade, ganhou experiência na ITT Corporation. Considera-se um pensador pragmático de negócios, entendendo a Qualidade como um conceito de razoável simplicidade. Criou a concepção do "zero defect" (defeito zero) e popularizou o conceito de "fazer certo da primeira vez".

Introduziu a noção de que a decisão do que fazer em Qualidade deve levar em conta aqueles setores da empresa que "fazem mais coisas erradas" e procurar as ações corretivas que mais economizarão nestes setores. Esse ponto de vista faz com que as empresas pensem na Qualidade com relação ao custo.

Seus passos para programas de aperfeiçoamento da Qualidade constam de um guia de 14 pontos práticos, que sugerem medidas concretas de como fazer.

Sua filosofia de estândares para alcançar a ausência total de defeitos considera que as instituições devem estabelecer objetivos claros para seus esforços de melhoria da Qualidade.

"O primeiro pressuposto errôneo implica a Qualidade como sinônimo de virtude, luxo, brilho ou peso. A palavra Qualidade é usada no sentido do valor relativo das coisas, como nas frases boa Qualidade ou má Qualidade" (CROSBY 1986, p. 31).

No mundo dos negócios, os requisitos pretendidos devem ser claramente expostos para que não haja confusão conceitual. A não conformidade detectada é a ausência de Qualidade. Os problemas de Qualidade tornam-se problemas de não conformidade, e assim a Qualidade passa a ser, finalmente, definível. Por exemplo, se um automóvel BMW satisfaz todos os requisitos de um BMW, ele é um carro de Qualidade. Ao mesmo tempo, se um Fusca está de acordo com os requisitos de Fusca, ele também poderá ser considerado um automóvel de Qualidade. Qualidade é "Conformidade com os Requisitos".

KAORU ISHIKAWA, foi professor de engenharia da Universidade de Tóquio. Sua maior contribuição foi mostrar que Qualidade se faz através das pessoas, que não são, necessariamente, especialistas no assunto. Ao simplificar a linguagem, criou instrumentos e ferramentas que podem ser utilizadas por todos os trabalhadores. Criou os Círculos de Qualidade e algumas ferramentas importantes como o diagrama de causa e efeito. Qualidade "é um sistema que produz economicamente, coisas ou serviços que atendem às exigências dos consumidores".

SHEWHART concebeu a Teoria das Cartas ou Gráficos de Controle. Estes ajudam a entender a amplitude que permeia as ações de busca da Qualidade, explicitando um universo dinâmico, constituído pelos clientes, concorrentes, matéria-prima, mercado e processo de fabricação. A satisfação do consumidor é sustentada por três aspectos da Qualidade:

- No seu sentido amplo, objetiva a satisfação das pessoas, incluindo a Qualidade do produto ou serviço, constituindo o primeiro pilar.
- Custo do produto ou serviço: Quanto menor for o preço, maior a satisfação do consumidor. O preço é função do mercado, e este aspecto da Qualidade se reflete internamente no custo, construindo o segundo pilar.

- Atendimento no prazo e local certos e na quantidade certa, baseia-se o terceiro pilar da satisfação total do consumidor, formando o conceito de Qualidade.

A Qualidade de um produto ou serviço está diretamente ligada à satisfação total do consumidor e consta dos fatores: Qualidade ampla, custo e atendimento.

EDWARD DEMING, físico e matemático, trabalhou a partir de 1942 na indústria da guerra nos EUA, aplicando o controle estatístico de processo. Em 1947, passou a assessorar o processo de reconstrução do Japão.

Dá nome ao prêmio que os japoneses conferem às suas empresas que se destacam pela sua Qualidade.

Pode ser considerado um filósofo da Qualidade. Alerta sobre as dificuldades e o longo tempo necessário à implementação de suas recomendações, que pressupõem profundas transformações no relacionamento entre empresa, clientes, fornecedores e empregados.

Seu método de implementação da gestão da Qualidade possui 14 pontos onde se destacam proposições como: constância de propósitos a longo prazo; acabar com a decisão sobre compras apenas no critério preço; eliminar o medo através da comunicação eficiente, e; remover barreiras que impeçam o trabalhador a ter orgulho de realizar um trabalho bem feito.

Coube principalmente a Deming, discípulo de Shewhart, personificar e consolidar conceitualmente, junto aos engenheiros e cientistas japoneses da União Japonesa de Cientistas e Engenheiros (JUSE), o arcabouço da teoria que hoje se denomina Gestão pela Qualidade Total, que afirma a Qualidade como algo que "só pode ser definido em termos do agente (...) Na cabeça do trabalhador, ele produz Qualidade se possuir orgulho de seu trabalho".

Os fundamentos da Gestão pela Qualidade Total baseiam-se:
- Na busca do controle total, utilizando modelos matemáticos e estatísticos para prevenção de falhas e erros.
- No planejamento estratégico da organização, de produtos, processos e melhorias/aprendizagem.
- Na busca da radical redução de desperdícios, re-trabalho e custos.
- No tempo certo e com tal adequação e qualidade, que gerem a total satisfação dos clientes.

Qualidade é o reconhecimento de um termo ao qual se atribui valor subjetivo, variando de interlocutor para interlocutor.

No entanto, situando essa discussão no Brasil no final do século XX, isso não invalida critérios mais objetivos, como aqueles da Associação Brasileira de Normas Técnicas e/ou do início da aceitabilidade das normas ISO.

Outro aspecto comum no conceito de Qualidade é a percepção de que qualidade é luxo. Pesquisa divulgada no 2º Fórum Brasileiro de Qualidade, em 1991, revelou que 69% das pessoas não sabem reconhecer a qualidade dos produtos e a confundem com sofisticação.

Sob esse enfoque, qualidade custa caro, uma vez que está associada à quantidade de atributos de um produto e ao *status* que ele traz ao seu possuidor.

No início dos anos 90, as organizações apresentavam formas de gerenciamento valorizando a redução-rejeição dos produtos, iniciativas que destacavam auditorias, visando o controle administrativo das organizações. O advento do gerenciamento com foco na Qualidade tem se mostrado um conector altamente bem sucedido, integrador de realidades e com capacidade para acompanhar resultados e estabelecer ciclos de melhoria.

A maior preocupação desta abordagem é a ocorrência da falta de unidade na empresa, gerando ações desconectadas das novas expectativas dos clientes, tornando-se cada vez mais vulnerável à sua insatisfação. Desta forma, fica prejudicada a eficácia dos sistemas de Qualidade Total, sujeita ao alto custo da falta de Qualidade e à inaceitável lentidão do desenvolvimento do produto.

A Qualidade não é mais essencialmente um assunto técnico, tornando-se em diversos países, a base de expressão da liderança para o gerenciamento das empresas. Qualidade é um processo, podendo ser entendida a partir dos conceitos de melhoria, tomando para si vantagens como as representadas na Figura 2.

Figura 2
Ciclo da Melhoria Contínua

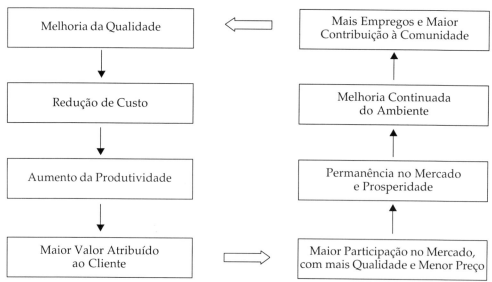

Fonte: GAUCHER e COFFEY 1991 citado em MEZOMO 1992, p. 66.

Algumas organizações produzem mais e com mais qualidade do que outras, e isto não se deve apenas aos aspectos de tecnologia, mas sobretudo à cultura inerente ou subjacente ao modelo administrativo adotado, este reflete no envolvimento dos recursos humanos, bem como sua participação no processo produtivo, e na conseqüente garantia ou não da satisfação do cliente.

Alguns aspectos da administração de recursos humanos no Japão figuram no quadro a seguir, retratando comparativamente a lógica presente na administração nos períodos pré e pós-guerra. Este cenário descreve o momento em que se torna mais favorável o despontar de novos desafios para a sociedade oriental, uma vez que ela precisa ressurgir da destruição sofrida.

Quadro IX
Mudança de paradigma na implantação de qualidade no Japão

Pré-guerra	Pós-guerra
1. Trabalho Individual	1. Trabalho em grupo
2. Política de controle e motivação externa	2. Política de solidariedade, confiança e motivação interna
3. Relação de proteção, subordinação e medo	3. Relação de parceria, lealdade e co-responsabilidade
4. Administração burocrática baseada na autoridade	4. Administração participativa com alto envolvimento dos funcionários
5. Individualismo e alta mobilidade no trabalho	5. Visão corporativa e baixa mobilidade no trabalho
6. Tensão nas relações com o empregador e falta de compromisso com o cliente	6. Lealdade ao empregador e ao cliente
7. Ênfase na tecnologia	7. Ênfase na dependência dos recursos humanos
8. Ênfase na produtividade e no custo	8. Ênfase na qualidade e na satisfação do cliente
9. Pensamento Vertical	9. Pensamento horizontal
10. Visão perfeccionista limitada	10. Visão perfeccionista clara e absoluta

Somente após os resultados positivos obtidos pelos países orientais, que os impulsionavam na superação da crise econômica do pós-guerra, é que os princípios da Qualidade tiveram destaque nos Estados Unidos, sendo aplicados em suas indústrias.

O Brasil, bastante afeito à cultura americana, apenas nas últimas décadas vem aderindo a estes princípios. Iniciou sua aplicação na indústria automobilística, e aos poucos migrou para os outros setores, até chegar à área de serviços, particularmente à saúde, no final da década de 80.

Todos os esforços de transformação têm sido dirigidos para a construção de organizações de saúde que:
- Atendam aos variados interesses e necessidades dos envolvidos, sejam eles consumidores, acionistas, empregados ou sociedade.
- Sejam eficazes no atendimento às expectativas dos participantes interessados, e cuja função crítica seja coordenada pela lealdade e comprometimento dos participantes.

- Tenham desenho organizacional que definam fronteiras mais permeáveis entre unidades, papéis e organizações.
- Não separem a tecnologia dos *inputs* humanos e do contexto organizacional.
- Tenham colaboradores e outros participantes como melhores avaliadores de seus próprios interesses.
- Contenham participações individuais e coletivas fundamentais para as mudanças e efetividade nas modernas organizações de saúde.

A organização de saúde empreendedora deve procurar vantagem competitiva pela flexibilidade organizacional na solução de problemas, persistência em detalhar e integrar pensamento e o fazer, promovendo a realização de um trabalho integrado e prazeroso.

No Brasil, percebe-se crescimento no uso de técnicas como 5S, PDCA, Círculo de Controle de Qualidade (CCQ), Kanban e TQS (Qualidade Total em Serviços), embora a política industrial e o Programa Brasileiro da Qualidade e Produtividade (PBQP) continuem no papel, longe de aplicação sistêmica e regular, sem avaliações constantes. O Kanban, em Administração da produção significa um cartão de sinalização que controla os fluxos de produção em uma indústria. O ciclo PDCA (**P** de Plan – Planejamento; **D** de Do – Fazer; **C** de Check – Checar e **A** de Act – Agir), ciclo de Shewhart ou ciclo de Deming, foi introduzido no Japão após a guerra, idealizado por Shewhart e divulgado por Deming, quem efetivamente o aplicou. O ciclo de Deming tem por princípio tornar mais claros e ágeis os processos envolvidos na execução da gestão, como por exemplo na gestão da qualidade, dividindo-a em quatro principais passos. O CCQ significa **C**írculo de **C**ontrole de **Q**ualidade, é um pequeno grupo de funcionários que voluntariamente se une para conduzir atividades de controle de qualidade dentro da mesma área de trabalho. A motivação básica do CCQ é a participação.

Identifica-se constantes redirecionamentos das ações de Qualidade, causadores de resultados descontinuados, os quais geram ações espasmódicas, tendo por conseqüência programas que nunca alcançam sucesso.

A Qualidade no Hospital

Tendo em vista que muitas das condições elementares das organizações hospitalares ainda não foram alcançadas, o estabelecimento de políticas e a implantação de Sistemas de Qualidade consistem num grande desafio a ser enfrentado. Envolve alocação de recursos materiais, gestão de pessoas, gestão da informação, aspectos concernentes à ética e bioética, avaliação da capacidade técnica e utilização adequada das mesmas. No entanto, o que tem demonstrado ser o ponto central que fere a Qualidade, diz respeito ao compromisso efetivo dos tomadores de decisão com os princípios da Qualidade, com a premissa da constante melhoria da gestão em saúde.

Esta lacuna não é recente. Foram necessárias algumas atitudes, às vezes drásticas, para a percepção da necessidade de olhar o usuário e os processos de trabalho, assim como verificar o lugar da qualidade, principalmente na atenção médica. Esta reflexão mobilizou os norte-americanos, que iniciaram práticas como: o relatório Abraham Flexner, que resultou no fechamento de 60 das 155 escolas médicas, entre 1910 e 1920, devido à má qualidade na formação de seus profissionais.

O estabelecimento dos princípios da Qualidade sobre a importância da Certificação do médico e da Acreditação das instituições, que resultaram em 1918 no Programa Nacional de Padronização Hospitalar constituiu-se num primeiro passo para avaliar e definir políticas de aperfeiçoamento ao processo de ensino médico e funcionamento das instituições de saúde nos EUA. Nesta etapa obteve-se um índice de 87% de reprovação dos candidatos da época, e o estabelecimento em 1951 da Comissão Conjunta de Acreditação de Hospitais, buscando assegurar a introdução e a ênfase da análise qualitativa dos mecanismos assistenciais.

Estes fatos podem ser identificados como um conjunto de ações precursoras na introdução e disseminação da "Cultura da Qualidade". Demonstram também que o caminho americano na consolidação de uma instituição de saúde com qualidade é extenso e progressivo.

Na observação dos hospitais brasileiros identifica-se a avaliação e processos de qualidade como fatos novos, e seus resultados acompanham sua pouca idade e cultura predominante. Assim, as contribuições advindas dos Programas de Qualidade são bastante favoráveis e poderão contribuir na reflexão sobre o estabelecimento de melhorias intrínsecas e extrínsecas às instituições.

Para que a Qualidade se configure de acordo com as demandas atuais, deve ser incentivada e estimulada pela alta direção. A implantação desta política ocorrerá com sucesso à medida em que for incorporada na rotina do trabalho e no comportamento dos colaboradores, visando a busca de melhoria nos processos e procedimentos, pela sua constante revisão e reciclagem.

É importante o monitoramento freqüente orientado ou indicação de eficácia e eficiência, para obtenção de produtos ou serviços que atendam às necessidades e expectativas dos usuários.

Neste contexto, eficiência refere-se aos meios, ao caminho utilizado e às etapas seguidas. Está relacionada com métodos, processos e rotinas de trabalho, normas de ação, regulamentos e tem ênfase na burocracia. É ligada ao processamento do sistema e à boa execução das tarefas, melhorando a maneira de sua ação, orientada para a internalização e para os recursos empresariais. Na eficiência a visão está voltada para o método, para o meio, para o curso em ação, referindo-se a como fazer as coisas. Está intimamente interligada com a necessidade de sobrevivência da organização. Em resumo, busca incrementos por meio de soluções econômicas e técnicas.

Já eficácia trata dos fins, dos alvos, dos objetivos pretendidos e está relacionada com os resultados, com os propósitos e finalidades. Sua ênfase está nos objetivos e resultados e refere-se fundamentalmente à saída ou resultado do sistema. Busca do sucesso e orientada para externalizar os objetivos organizacionais. Em resumo, procura a otimização do rendimento, por meios econômicos, técnicos e políticos.

Parte 3

A configuração da qualidade na área da saúde: influências e determinantes

> *Excelência é uma habilidade conquistada através de treinamento e prática.*
> *Nós somos aquilo que fazemos repetidamente.*
> *Excelência, então, não é um ato, mas um hábito."*
> *(Aristóteles - 384-322 a.C.)*

A Qualidade no campo hospitalar, só se realiza completamente através da ação humana, responsável pela organização do trabalho que influencia diretamente as práticas em saúde.

A Qualidade é, portanto, uma práxis, iluminada pela crítica e vice-versa que, se entendida e tratada nesta perspectiva, pode representar importante contribuição para a existência, concretude e historicidade do setor saúde. A historicidade é entendida como recurso metodológico de investigação, que se reporta ao passado para auxiliar na compreensão do presente e do futuro.

Os mecanismos de Qualidade e sua estruturação conceitual poderão ser aliados dos dirigentes na missão de administrar as instituições de saúde, uma vez que o sucesso deste empreendimento reside na condução exemplar da alta gestão, como um modelo inspirador dos participantes neste movimento.

Assim, dentro do campo da Qualidade na saúde, o recorte feito focou especialmente em como se estabelece a compreensão conceitual da Qualidade pelos atores sociais que conduzem o processo neste cenário.

Nas décadas de 80 e 90, o conceito de Qualidade passou a circular nos meios de comunicação, como forma de transformação empresarial projetada para o futuro. Sua difusão fez com que as organizações adotassem Sistemas de Qualidade para se posicionarem no mercado, buscando a competitividade pela eficiência e eficácia de seus processos.

Este movimento refletiu mudanças na gestão das organizações, cujo olhar dirigiu-se à reestruturação organizacional, focando na visão sistêmica dos processos, na transformação dos indivíduos, na busca de auto-realização, como pessoas capazes, criativas e produtivas. Nestas décadas verificou-se tendência à valorização dos talentos humanos, atuando como agentes participativos do replanejamento e resignificação do trabalho.

Com isso, o profissional sofreu influências diversas. O trabalho contribuiu intensamente para mudanças, tanto no plano profissional quanto no pessoal, exigindo do trabalhador postura ativa, participativa e transformadora, afetando diretamente a relação de trabalho.

Nas organizações em que a Qualidade tornou-se o ponto central para a eficácia dos negócios, suas iniciativas têm estabelecido processos de trabalho em equipe, visando reduzir os custos da perda e contribuir de maneira significativa para o alcance dessa economia de custo exigida com tanta urgência.

A busca de flexibilidade, polivalência, aumento das qualificações profissionais, participação dos colaboradores nos processos de inovações tecnológicas e outras decisões, dá-se no trabalho em equipe, cuja ênfase vem sendo dada nas ações cotidianas.

O grupo tende a ser mais criativo do que o indivíduo, trazendo maior comprometimento das pessoas com as metas, principalmente, quando definidas por elas mesmas. O controle das atividades é também realizado pelo grupo, na verificação do cumprimento das metas estabelecidas e pela forma de pressão sócio-técnica, na qual os membros dos próprios grupos realizam controle de desempenho. Trabalho em grupo é raramente enfatizado nas empresas brasileiras, uma vez que pressupõe certa estabilização da força de trabalho, alto nível de qualificação e formação, condições não verificadas na maior parte da força de trabalho no país.

A valorização do talento humano na organização, quando evidenciada, possibilita resultados favoráveis. Outras características importantes propiciam clima positivo para a Qualidade, tais como:

- Carreiras flexíveis e não atreladas à estrutura rígida de cargos.
- Treinamento intensivo e contínuo.
- Recrutamento de pessoal com ênfase no potencial para o desenvolvimento.
- Trabalho em equipes.

Para ser competitiva, a organização necessita de corpo gerencial e de trabalhadores com nível de educação, formação e qualificação profissional cada vez maior. Nessa concepção da organização competitiva, tecnologia e RH qualificados andam juntos, à procura de inovações, qualidade dos serviços e produtividade.

Em função de mudanças na tecnologia, elevação no nível do trabalho e tendência do trabalho em grupo emerge um profissional dirigido à multifuncionalidade, com exigências educacionais e de formação, voltados aos parâmetros fundamentais do novo modelo de relações de trabalho e gestão de RH nas empresas.

Estas considerações levam a refletir sobre a abrangência e influência da Qualidade nos diferentes setores da sociedade e sua aproximação também no setor saúde.

BERWICK (1994) destaca que o cirurgião Ernest Armory Coldman publicou entre 1913 e 1918, os primeiros trabalhos apontando para necessidades do estabelecimento de ações que assegurassem a qualidade nas intervenções médicas. Este médico migrou para a saúde conceitos até então pertencentes a outros segmentos, focados na teoria da Administração Científica (Taylorismo), aproximando a gestão "intuitiva" da saúde a um sistema organizado e controlado por seus resultados.

Este avanço na forma de gestão gerou estabelecimento do modelo de Acreditação hospitalar nos EUA, conduzido pela Comissão Conjunta para Acreditação de Hospitais e Organização de Saúde.

O estudo da Qualidade no campo da saúde envolve além de um conjunto de técnicas, uma dimensão mais ampla de ações como processo social, cujos elementos principais para seu desenvolvimento são aqueles que atuam e exercem seu papel nesta cadeia, considerando a pluralidade das mudanças e das diferentes lógicas.

Desta maneira, o conjunto de práticas e ações desenvolvidas pelos sujeitos são construídas a partir de uma história pessoal e social com autonomia, embora estimulada institucionalmente.

O campo pode ser compreendido não como o resultado de ações individuais, e sim como um conjunto de estratégias daqueles que o compõem. É um espaço onde se manifestam relações de poder, o que significa que sua estruturação ocorre a partir da posição que cada agente ocupa no campo. Tal distribuição é desigual e interfere na sua configuração final.

Baseia-se, portanto, no pressuposto que os indivíduos fazem parte de uma cadeia de trabalho, onde a Qualidade influencia o processo social. Estão imersos num contexto histórico, participam com diversos outros atores sociais, interagindo entre si e no espaço que define e constitui o sistema de saúde, orientado por políticas do Estado.

A área da saúde tem características próprias, que pressupõe lidar com situações de saúde-doença, vida-morte, sofrimento, situações penosas e fatores de risco, que afetam tanto quem é atendido, quanto quem atende. A organização hospitalar deve considerar que o profissional é instrumento de seu trabalho, dando a este tonalidades particulares e especiais.

A transformação individual é importante, mas não suficiente, pois o indivíduo não consegue transformar a organização do trabalho sozinho. As mudanças ocorrerão na medida em que perceba a si e ao mundo externo, passando a trocar essas percepções e desejar mudanças.

No âmbito do trabalho as transformações só podem acontecer pela ação coletiva dos trabalhadores, que através da participação ativa poderão transformar a organização e a divisão das tarefas, dando nova feição ao clima e à cultura organizacional.

Esta concepção baseia-se numa visão de homem integrado em diferentes aspectos, dentro de um contexto social, político, econômico e cultural, sendo responsável pela sua história de vida, além de resignificar valores e conceitos do mundo que o cerca.

A melhoria da Qualidade tem como característica ser um processo contínuo, gradual e permanente.

O esforço de construção e organização de um sistema produtivo, que contemple relações mais claras e definidas entre os diversos atores sociais, tem se constituído como o desafio dos pensadores da administração, da psicologia, entre outros.

Frente ao mundo acelerado, repleto de turbulências e transformações tanto tecnológicas, quanto econômicas e sociais, encontra-se no conhecimento e na informação a vantagem competitiva para o indivíduo e para as organizações.

A este cenário alia-se a necessidade de revisão da forma de estar no mundo e das relações entre os indivíduos, uma vez que os paradigmas antigos estão sendo questionados. Encontrou-se mudanças fundamentais nos modelos de ação, como a exigência de olhar o mundo de uma nova maneira, por uma nova ótica, reciclando os modelos mentais. Até então, os indivíduos assumiam posturas passivas, ficando a espera de mudanças externas, buscavam estabilidade e segurança. Os chefes eram imperativos e os subordinados passivos; o planejamento linear e o controle eram rigorosos sobre o trabalho e os indivíduos.

O novo paradigma exige dos profissionais posturas que reflitam a internalização de valores e conceitos revistos. Descentralizar autoridade, planejar por interação, dar ênfase na transformação individual, e estimular o autodesenvolvimento são pontos inovadores.

É preciso conhecer e entender as mudanças atuais em suas diferentes esferas: social, econômica, organizacional e psicológica, para administrá-las. Este é o caminho para a construção de uma organização que evolui em paralelo com o desenvolvimento social e estimula seus trabalhadores rumo à cidadania.

As pessoas são o diferencial e os líderes influenciam de maneira saudável os colaboradores, enfocando a participação da força humana dentro da organização. A evolução para este novo modelo de pensar e agir, aliado a outros fatores da gestão, constituem a base deste aprendizado.

Criar um ambiente de trabalho estimulador para que o conhecimento seja compartilhado, onde as relações entre as pessoas se manifestem, gerando novos conhecimentos e o desenvolvimento de novas competências, é o desafio que se coloca para a organização focada na gestão das pessoas e preocupada com a Qualidade. Ao potencializar o saber dos indivíduos a organização estará realizando saltos em busca de seu crescimento.

O exercício do pensamento criativo, capaz de enxergar novas possibilidades nas situações cotidianas, transforma a relação das pessoas com o trabalho. Indivíduos que são estimulados a projetar seus desejos e concretizá-los na ação do trabalho agem com inovação e prazer, gerando melhorias e fortalecendo sua inserção institucional.

As organizações tendem a cristalizar-se no seu funcionamento e resistem ao novo, através de barreiras criadas para manter o *status* vigente. Cabe à alta direção das empresas estabelecer com transparência seus planos de mudanças, oferecendo diretrizes que orientem o corpo funcional quanto ao novo caminho a ser trilhado e projete os esforços a serem empreendidos por todos os colaboradores.

Este direcionamento aberto e compartilhado, orientado pela definição do planejamento estratégico, possibilitará o alcance dos objetivos pretendidos pela sinergia das pessoas e da organização, construindo um novo cenário.

Este posicionamento participativo, bilateral – do indivíduo e da organização – inaugura um novo modo de convivência no campo das relações do trabalho, que podemos denominar **sinergia criativa, que trata-se da capacidade de transformação interna dos trabalhos, que quando apoiados pela instância de poder da organização, podem desencadear processos espontâneos e criativos, com condições de tornar situações críticas e penosas, em condição favorável mobilizadora de prazer e realização no trabalho, com melhoria na auto-estima dos indivíduos**.

Este processo de co-participação fortalece a empresa e congrega seus colaboradores a superarem crises e dificuldades comuns num mercado em constante mudança, especialmente num setor complexo como o da saúde.

Neste cenário, as organizações vencedoras serão aquelas que conseguirem criar alternativas com maior rapidez, para avançar e melhorar, identificando suas fragilidades e estabelecendo oportunidades para a criação de mecanismos inovadores nas situações do cotidiano. Outro aspecto importante é a definição e identificação dos seus concorrentes, para estabelecer a forma como lidar com eles.

A Qualidade Total surge como ferramenta de apoio para tratar esta realidade. Assume diferentes significados, tais como: qualidade de trabalho, serviço, informação, processo, estrutura e pessoas. Implica na total satisfação das expectativas e necessidades dos clientes por meio de uma gestão científica dos processos, baseada em fatos e dados, voltada para a correção e prevenção de erros. Tem como base a manutenção e a melhoria dos padrões de desempenho atuais, com produtos e serviços cada vez melhores e mais competitivos, com a participação e o envolvimento de todos os membros da organização, considerando aspectos éticos que envolvem a prestação dos serviços de saúde.

Planejamento e inovação são caminhos sem volta e a organização pela Qualidade, vivenciará a apropriação do atual estado da arte deste segmento, projetando suas melhorias futuras.

A Qualidade apresenta-se como uma via de diversas mãos que interage com os diferentes sujeitos que atuam nos hospitais. Este processo é dinâmico, influenciando e influenciado em seu planejamento e execução, fato que possibilita contribuições, construções e reconstruções que podem agregar valor e resignificar conceitos, aproximando cada vez mais as ações do hospital à realidade do sistema de saúde e mobilizando para a busca da transformação deste segmento.

A informação como base para a inovação

Apesar de constatarmos várias instituições de saúde que já aderiram a diferentes metodologias visando a melhoria de sua gestão, podemos considerar ainda incipientes a participação efetiva das instituições de saúde no cenário nacional.

É recente a administração hospitalar de forma profissional, sistêmica, padronizada e com mecanismos evidentes de controle de processos e custos.

Observou-se empiricamente que muitos hospitais estão iniciando esta busca de organização e acompanhamento de suas informações devido ao crescimento do interesse neste segmento e pela competitividade que vem se instalando, tornando o mercado mais desafiador e exigente.

A apropriação dos Programas de Qualidade possibilita a conscientização dos trabalhadores, fazendo com que os indivíduos constantemente realizem leituras tanto dos movimentos objetivos, quanto subjetivos das instituições, e consigam com relativa clareza entender seus reais caminhos.

Os anos 90 são marcados por melhores sistemas e métodos à disposição das diferentes instituições para que elas possam melhorar a Qualidade da atenção médica e dos serviços prestados. Hoje, esta melhoria se converteu em obrigação, por isso muitos países propuseram iniciativas de reforma dos seus sistemas de saúde. Grande parte dos pacientes e dos profissionais desta área sabem que os serviços prestados, especialmente aqueles voltados à atenção médica, poderiam ser melhorados.

Entre os fatores que contribuíram para a busca do atendimento destas necessidades, identifica-se:

- A maior conscientização dos pacientes, como usuários diretos dos serviços de saúde.
- Maior atenção para a Qualidade em todos os ramos da economia, ao reconhecer que esta é a chave para o êxito a longo prazo.
- A necessidade de controlar os custos da saúde.

Como um exemplo a ser destacado, temos a questão que envolve a informação ao usuário do sistema de saúde, no tocante a seu estado físico ou psíquico. Por vezes, o profissional da saúde sonega informação relevante por entender que este esclarecimento possa gerar danos ao receptor.

Tal fato decorre da visão ainda assistencialista, que percebe o paciente como indivíduo passivo e dependente de proteção, sendo a ele negado seu direito de manifestar seu consentimento sobre as ações que modificarão sua integridade física e/ou psíquica.

Cabe ao administrador prover condições à equipe de saúde e o fornecimento de informações necessárias a cada caso, disponibilizar informações dos direitos que os pacientes terão ao serem atendidos, elaborar prontuários adequados e facilitar o acesso dos usuários.

Ampliando o conhecimento sobre o cenário da Qualidade

A base da melhoria pela Qualidade são os processos, ou uma série de passos, sendo seu propósito analisá-los e melhorá-los. A garantia da Qualidade é importante para medir o verdadeiro desempenho do nível individual e do sistema. Uma distinção importante entre a garantia da Qualidade e a sua melhoria, está na concentração nos processos, em vez de nos indivíduos. É importante que os administradores examinem os problemas do sistema com tanto, ou mais rigor, do que fazem com o desempenho individual.

O pediatra norte-americano Donald Berwick, preocupado com as questões relativas ao gerenciamento da Qualidade, envolveu-se com estes conceitos aplicando-os na Área da Saúde e implantando nela ferramentas da Qualidade Total. Todo este interesse no assunto veio mobilizado pelo Plano Nacional de Demonstração. Esta experiência foi inspiradora para que ele escrevesse, juntamente com colaboradores, o livro "Melhorando a qualidade dos serviços médicos, hospitalares e da saúde".

BERWICK e col. (1994, p. 75) mostraram algumas questões também presentes no Brasil:

- Poderia a indústria da saúde, martelada pelas reações a seus crescentes custos e a seu desempenho variável, encontrar nos métodos de melhoria da Qualidade pelo menos uma resposta promissora a seus persistentes problemas?
- Poderiam os hospitais, administrados por métodos de melhoria da Qualidade, também atingir novos níveis de eficiência, satisfação do paciente, segurança, efetividade clínica e lucratividade?

- A administração da Qualidade não se aplica somente quando há um padrão, um produto uniforme? Como ela pode ajudar nos serviços médicos quando cada paciente é diferente?
- Onde se encontra a linha de montagem na assistência à saúde? A Qualidade não é principalmente uma questão de o médico tomar a decisão correta?
- A administração da Qualidade certamente ajudou sob as normas culturais do Japão, mas como ela pode funcionar na cultura individualista do Brasil?
- Os médicos não gostam de ver a si mesmos como participantes de uma equipe nas organizações. Como a administração da Qualidade pode dar certo com os médicos?
- A administração da Qualidade exige que ela seja medida. Como podemos possivelmente medir ou até mesmo definir algo tão sutil como "Qualidade" nos serviços de saúde?
- O problema real não seria Qualidade, mas custo? O problema é que médicos e pacientes querem usar toda a tecnologia disponível enquanto o setor público e a indústria estiverem dispostos a pagar por ela. Uma Qualidade mais elevada não significará custos mais elevados?

Todas essas questões estão presentes quando se trabalha com a Qualidade na saúde, podendo constituir-se em forças mobilizadoras ou restritivas para a aceitação e o desenvolvimento deste trabalho. A missão dos serviços públicos de saúde visa o atendimento às demandas da população, neste campo e no da doença.

Para tanto, é necessário que a gestão dos serviços deva ser eficiente e eficaz, implicando na efetivação de ações humanas através de todo corpo funcional da instituição hospitalar.

Sabe-se que a interação de todos os recursos da instituição afetam o desempenho organizacional, mas são as ações humanas que determinam especialmente este processo. As ações configuram uma relação que é construída no exato momento do seu "fazer", caracterizando-se como um produto intangível, pois não é possível tocá-lo ou armazená-lo. Tais situações podem ser observadas na realização da consulta médica, onde a ação de saúde se dá, sobretudo, pela interação direta médico-paciente, o mesmo ocorre no momento em que o farmacêutico dispensa o medicamento, quando a enfermeira orienta, ou quando o psicólogo atende.

Enquanto os produtos diferenciam-se pelo modo de produção, os serviços destacam-se pela forma de sua prestação.

A definição de Qualidade na saúde depende da perspectiva, conhecimentos, valores e recursos de quem a define. Para os clientes e seus familiares, significa obter diagnóstico correto e tratamento satisfatório de acordo com suas próprias percepções. Para os profissionais, prevalecem os critérios estritamente técnicos de melhorar a qualidade de vida e saúde dos pacientes, os quais são definidos pelo contexto de onde trabalham, da escola médica responsável pela sua formação e seus valores intrínsecos.

Quando o assunto é serviço, a interferência do cliente é absoluta. Ele observa todo o processo, podendo emitir sua opinião no ato do recebimento do serviço. Acontece que nem sempre o fornecedor demonstra interesse pelo parecer do consumidor, que por isso não irá recomendá-lo e ainda divulgará a má qualidade dos serviços que encontrou. De um modo geral, produtos e serviços inter-relacionam-se o tempo todo. No entanto, estudos realizados demonstram que a insatisfação gera as seguintes situações:

- Dos clientes insatisfeitos, 96% não reclamam.
- Cliente muito insatisfeito: conta para 14 pessoas.
- Cliente muito satisfeito: conta somente para quatro pessoas.
- Problema resolvido: 82% dos que reclamam, voltam.
- Custa cinco vezes mais conseguir um novo cliente.

Cerca de 94% dos problemas de prestação de serviços decorrem de falhas no processo e os 6% restantes são atribuídos a causas especiais, como pessoas, acidentes ou eventos fortuitos, demonstrando a necessidade de revisão de todas as etapas do atendimento oferecido, e a detecção dos pontos desfavoráveis e dos pontos fortes do sistema.

Pode-se assim, evidenciar que a identidade institucional advém da marca relacional que forma o clima da organização, outra parte advém do estilo de gestão instituída pela liderança.

Pessoas movimentam organizações, tornando-as um sistema vivo, ágil, com personalidade. A despeito desta realidade, releva-se o fato de que os indivíduos assumem seus papéis, marcados por suas características transcendendo o mero conceito de um operador de linha de produção.

Pode-se caracterizar os atores deste sistema como fator crítico das instituições de saúde, ao mesmo tempo em que são elementos essenciais para a operacionalização e concretização do sistema. São, portanto, ponto fundamental para a Área da Qualidade, e devem ser tratados como um investimento das organizações. Neles se concentram as condições para transformar a organização, fazê-la diferente e capaz de enfrentar novos desafios, que conseqüentemente resultará em melhorias e evolução de ambos.

A velocidade para aderir às inovações, à iniciativa e ao comprometimento para a mudança, reside na motivação desses indivíduos, sem os quais, os resultados buscados, a geração de idéias e a alavancagem para novos processos ficam prejudicados.

A nova concepção do trabalho e suas interfaces

Na nova concepção, os investimentos em educação e treinamento só trarão resultados caso o profissional possa aplicar o aumento de qualificação obtido na própria situação do trabalho, para tanto a organização deve propiciar o desenvolvimento de ação profissional polivalente.

O trabalhador deve sentir-se valorizado como pessoa participante de um grupo, enfrentando desafios comuns. Essa valorização traduz-se em relações de trabalho e políticas de Recursos Humanos, que proporcionem de modo contínuo, o seu envolvimento e desenvolvimento completo.

As comunicações internas tendem a ser muito mais efetivas nas organizações com culturas participativas e uso intensivo do trabalho em grupo. Isto representa pré-condição para o sucesso das atividades em equipes, evitando mecanismos paralelos de veiculação das informações.

A questão da comunicação interna está intimamente relacionada ao funcionamento dos grupos de trabalho e à participação dos trabalhadores. Deve receber atenção e ser destaque nos planos de trabalho da alta direção, convergindo as forças para uma mesma direção.

A discussão interna das metas tem papel fundamental no sentido da clarificação e do comprometimento de todos os membros, enquanto a divulgação final do desafio superado representa o clímax da satisfação psicológica do grupo.

A integração dos segmentos econômico e administrativo são vitais para as organizações. Estas, quando bem sucedidas, enfrentarão o futuro adequando seus programas de Qualidade à nova era administrativa, direcionando-os para sua sustentação no mercado. Alguns fatores tornarão as organizações mais competitivas, a saber:

- Qualidade Total na satisfação dos clientes, com pesquisas sobre a apresentação de dados, esperando que a Qualidade seja essencialmente perfeita, economicamente viável, e que possa ser determinada pelos usuários, em seus próprios termos.
- Controle dos custos, com ênfase na maior redução daqueles causados pela perda de qualidade.
- Desenvolvimento contínuo dos trabalhadores visando seu envolvimento na formação do conceito de Qualidade.
- Estreitamento da parceria e da cooperação com os fornecedores na melhoria dos controles de qualidade e de tempo, em toda a cadeia de suprimento da organização.

A medição é fundamental no controle da Qualidade e requer dois tipos: dos resultados e das variáveis de processo monitorando os passos intermediários. Na área da saúde, encontram-se alguns exemplos onde esta prática vem sendo exercida, ou ao menos buscada.

A equipe do serviço de terapia respiratória, do Butterworth Hospital, citada por BERWICK e col. 1990, necessitava de contínuas medições, visando o aperfeiçoamento de seus serviços, mas percebeu-se que na época ainda não havia disponível uma forma para medir os resultados obtidos.

No Jonhs Hopkins Hospitals, a equipe inicialmente pretendia melhorar os processos clínicos de três diferentes unidades de cirurgia ambulatorial. O pressuposto inicial assinalava que as informações referentes à medida da eficiência clínica e administrativa, ainda não se encontravam prontamente disponíveis para avaliação.

> "As informações referentes às medidas de eficiência eram fragmentadas e casuais, sem nenhum sistema para avaliar esses dados, muito menos para identificar as áreas de preocupação para que fossem tomadas ações corretivas. Cada localidade media diferentes parâmetros de diferentes modos, tornando impossível que se desenvolvesse uma análise de como o programa de cirurgias ambulatoriais estava funcionando" (BERWICK e col. 1994 p. 114).

A equipe do Jonhs Hopkins descobriu que os processos de tratamento clínico e os serviços ao paciente deveriam ser monitorados, porém, mostrou-se necessário um sistema de medição mais preciso. O grupo decidiu trabalhar da seguinte maneira: em vez de se envolver num projeto de melhoria da Qualidade específico, preferiu estudar e reestruturar seus procedimentos.

> Segundo BERWICK et al., o sistema de garantia da qualidade proposto, diferia do sistema existente em três grandes áreas. Buscou inicialmente parâmetros da influência para o sistema que incluía o cancelamento de casos, grandes atrasos e mudança de *status* do paciente, da internação efetuada no mesmo dia para o ambulatório e vice-versa. A segunda recomendação era que o sistema fosse projetado como uma avaliação em perspectiva tanto dos procedimentos clínicos como administrativos, pela equipe envolvida no tratamento de pacientes (...) para identificar as questões à medida que elas ocorrem em vez de esperar pela provável revisão realizada (...) por terceiros. A recomendação final acarretava o estabelecimento de grupos de garantia da qualidade dentro de cada área, incluindo representantes de todos os grupos de *staff* (...). (1994, p.128).

Os exemplos do Butterworth Hospital, Jonhs Hopkins e muitos outros hospitais, sugerem que o desenvolvimento e a disposição de sólidos e eficientes sistemas para medir o desempenho de processos não serão fáceis nas organizações de saúde. As instituições que optarem pelos processos de melhoria, e quiserem estabelecer controle formal da Qualidade, terão que responder aos vazios que ocupam a instituição neste momento, gerando ineficiência, desperdício e insatisfação.

A equipe do Massachusetts General Hospital, relata situação em que busca melhorar a precisão das contas hospitalares enviadas ao Medicare. Este fato demonstra a existência de contínua falta de medições ou indicadores de Qualidade, dentro e entre os departamentos. Muitos dos dados que descrevem o processo de faturamento não são rotineiramente analisados, gerando atrasos neste serviço. As notificações de rejeição, por parte do Medicare, chegam atrasadas, dificultando *feedback* rápido e preciso do hospital como um todo.

Em muitas organizações, como ocorreu no Jonhs Hopkins, será necessário que os gerentes e as equipes façam uma pausa suficientemente longa para perguntar: O que este processo pretendia realizar? Como medir os resultados? Como rastrear seu desempenho de baixo para cima a partir desses resultados? E quem é responsável por fazer, avaliar e pôr em prática ações baseadas nessas medições?

Os governos, os organismos de Acreditação e outras partes interessadas em garantia da Qualidade têm tratado de desenhar medidas válidas e confiáveis para avaliar a competência clínica de maneira objetiva, como por exemplo, os estândares para a prática médica, as verificações genéricas para revisar os prontuários, o sistema para notificar os acontecimentos adversos, pautas práticas ou caminhos críticos padronizados para seguir e indicadores de desempenho.

Todos aqueles que trabalham em hospitais, como nos demais serviços de saúde, têm contribuições a oferecer, tanto para sua melhoria intrínseca, como às necessidades das próprias comunidades.

Por isso, a implementação de um programa de Qualidade Total pressupõe que a instituição seja vista como um todo e que a necessidade de cada serviço seja compartilhada por todos, onde as equipes de trabalho estejam suficientemente preparadas para este grande desafio. Os indicadores de Qualidade dos eventos de maior freqüência e risco, ou mais propensos a problemas, devem ser identificados com base em padrões de referência, apontando assim a direção inicial do trabalho.

O uso de protocolos para descrever as ações médicas, desde o diagnóstico até o estabelecimento da terapêutica, tem sido apontado como forma de tornar a prática médica mais compreensível e inteligível para os demais profissionais da saúde. A sistematização dos procedimentos permitirá análise mais objetiva e poderá incluir outros profissionais da saúde nesta discussão, minimizando a subjetividade do processo. Esta situação é bastante complicada pelas inúmeras variáveis que podem ocorrer na evolução clínica ou tratamento de uma determinada patologia, como também em relação a idade, sexo e co-morbidade dos doentes. Pela complexidade da sistematização dos processos, alguns avanços foram obtidos, apesar da maioria dos hospitais se manterem abaixo do desejado.

Pode-se neste percurso identificar alguns hospitais que vêm se preocupando com o desenvolvimento da Qualidade e será destacado um deles como exemplo.

O caso do Instituto do Coração do Hospital das Clínicas

No Brasil, dos anos 70, houve a iniciativa do Instituto do Coração do Hospital das Clínicas da Faculdade de Medicina da Universidade de São Paulo (InCor-HC-FMUSP) de implementar um programa de Qualidade Total, que iniciou-se naquela oportunidade e se mantém até o momento. Nesta proposta estabeleceu-se alguns pontos essenciais para a implantação da Qualidade nesta instituição, conforme segue:

- Equipe multiprofissional especializada e apta para atuar em alta complexidade.

- Definição de rotina operacional visando sistematização e processamento de serviços, a eficácia e eficiência nos processos e controles.
- Constituição de "Grupos de Qualidade" ou "Círculos de Qualidade", com a finalidade de rever rotinas, melhorá-las ou modificá-las.

Esta concepção de desenvolver Qualidade foi incorporada desde o início da organização do hospital. Em meados de 1993, o InCor definiu, em parceria com um grupo de líderes da instituição, pela estruturação de um programa de Qualidade – Programa InCor da Qualidade – conhecido como PIQ, com linhas que foram se desenhando ao longo de sua trajetória.

O programa teve por objetivo o envolvimento de todos os colaboradores e, embora parte deles não tenha aderido plenamente, aqueles que o fizeram permitiram ao instituto alavancar melhorias em seus processos de trabalho, além de promover melhor entrosamento entre os colaboradores das diferentes funções e cargos.

No desenvolvimento desse programa, vários caminhos foram experimentados visando encontrar a melhor forma de congregar os esforços das equipes para realização dos objetivos pretendidos, sustentando as metas institucionais.

O conceito de Qualidade prevalente estabelecia dois focos principais: o cliente externo e o cliente interno. Portanto, tudo o que orbitava em torno destas prioridades merecia destaque e dedicação dos grupos de Qualidade.

Os profissionais da instituição sabiam que, dentre outras medidas, melhorar processos de trabalho, diminuir filas e agilizar internações eram essenciais para a melhoria das relações internas e externas.

Em 1994, teve início a sensibilização do corpo diretivo do InCor para a importância da Qualidade em diferentes ramos da atividade. Nesta fase, recorreu-se a empresas com experiências consolidadas para relatar e discutir os trabalhos realizados.

Contou-se com a Editora Abril, a Johnson & Johnson, além dos hospitais Albert Einstein, Maternidade São Luís e o Instituto da Criança do HCFMUSP. A contribuição, através dos programas de Qualidade dessas Instituições foi o ponto inicial para os trabalhos do Programa InCor da Qualidade – PIQ. O relato das vivências destas empresas certamente estimulou as lideranças à reflexão sobre a Qualidade e mobilizou a análise sobre a adequação de um programa específico desta natureza.

No ano de 1995, realizou-se treinamento para a Qualidade com os grupos de diretores, cujo processo já havia sido iniciado no ano anterior. Esta etapa incluiu também chefias e encarregados além de ter contado com o apoio de consultoria externa.

Neste ano, as ações do PIQ foram de natureza teórico-práticas, através de seminários onde foram discutidos os conceitos da Qualidade Total na área da saúde. Ocorreu também a discussão do Planejamento Estratégico do InCor, onde buscou-se analisar durante os seminários realizados: a intenção estratégica; a missão; a visão; a filosofia, e as políticas da instituição. Discutiu-se a dinâmica do hospital frente às mudanças tecnológicas e as novas demandas sociais, além de vislumbrar alternativas para uma administração estratégica, buscando a elaboração de um plano funcional para o InCor, atendendo a uma demanda antiga da direção do instituto.

Como resultado desta fase, implantou-se os *times de melhoria* que atuaram sobre diferentes pontos críticos da instituição. Merece destaque a implantação dos 5S, como uma prática de fácil aplicação e com boa adesão pelos colaboradores, gerando ótimos resultados para a organização das áreas. Evidenciou-se diminuição do desperdício, favorecendo o descarte de material obsoleto, propiciando reorganização do espaço físico e melhorando o envolvimento do grupo, principalmente quando a liderança local apoiou e participou.

O 5S é uma metodologia utilizada para melhorar a organização dos ambientes de trabalho, graças à mudança de atitude das pessoas ao seguirem os 5 passos recomendados pelo programa. Sua principal contribuição é a redução do desperdício de materiais, de tempo e de espaço. Foi desenvolvido por Kaoru Ishikawa no Japão após a Segunda Guerra Mundial provavelmente devido ao grande caos em que se encontrava o país.

Trata-se do primeiro e principal passo para qualquer programa de gestão da qualidade. Sua implantação nas organizações requer profissionais experientes na metodologia, em treinamento e na gestão de mudanças. O nome 5S provém de cinco palavras do idioma japonês, iniciadas com a letra "S" e que designam cada um dos princípios a serem adotados:

- **Seiri:** Senso de Utilização - Consiste em deixar no ambiente de trabalho apenas os materiais úteis, descartando ou destinando os demais da maneira mais adequada.

- **Seiton:** Senso de Organização – Consiste em estabelecer um lugar para cada material, identificando-os e organizando-os conforme a freqüência do uso. Se utilizado freqüentemente o material deve ficar perto do trabalhador, caso contrário, deve ser armazenado em um local mais afastado, para que não prejudique as tarefas rotineiras.
- **Seisou:** Senso de Limpeza – Consiste em manter os ambientes de trabalho limpos e em ótimas condições operacionais. Este princípio diz: melhor que limpar é não sujar.
- **Seiketsu:** Senso de Saúde ou Melhoria Contínua – Este princípio pode ser interpretado de duas formas. Na aplicação de ações que visam a manutenção e melhoria da saúde do trabalhador e nas condições sanitárias e ambientais do trabalho. Como Melhoria contínua, aplica-se o princípio do kaizen, melhorando e padronizando os processos.
- **Shitsuke:** Senso de Autodisciplina – Autodisciplina é um estágio avançado de comprometimento das pessoas, que seguem os princípios independente de supervisão. Para atingir este estágio é necessário ter atendido satisfatoriamente os 4 princípios anteriores do 5S.

A estrutura do PIQ, conforme descrita, se manteve até 1999. A partir daí, as ações de Qualidade se voltaram para a implantação de método de certificação.

O hospital, para implementar um programa de garantia de Qualidade e conseqüentemente obter certificações, deve estar permanentemente sob análise gerencial, redistribuindo recursos segundo as prioridades contingenciais dos serviços, mantendo um equilíbrio constante entre os objetivos em curto e longo prazo. O estabelecimento destes, e seu freqüente monitoramento, orientarão os planos para a ação, a estratégia da organização e a implementação de programas. A área inicialmente escolhida foi o Laboratório de Análises Clínicas e áreas de interface e a partir desta experiência o InCor estuda sua ampliação para outras áreas.

Há também outros hospitais brasileiros que têm investido fortemente na busca do conhecimento e aprofundamento dos diversos sistemas de avaliação no âmbito da saúde, visando aproximar suas instituições destes modelos. No tocante a pesquisa realizada, por razões éticas os hospitais da amostra não serão revelados. Cabe, no entanto, ressaltar aqueles que vêm a público disseminar suas experiências, seus avanços e dificuldades na gestão de Qualidade, através de painéis, congressos e simpósios. Podemos lembrar do Hospital

Oswaldo Cruz, Hospital Albert Einstein, Hospital São Luís, dentre outros que vêm enriquecendo e movimentando o sistema de saúde.

A seguir será apresentado o Quadro X – *Metodologias da Qualidade*, que oferece uma visão sistematizada dos métodos de: Certificação; Acreditação; Selo e Premiação, que estão sendo utilizados na Área da Saúde. Posteriormente, será discutido cada um deles.

As Formas de Avaliação

O termo *Avaliação*, para a Real Academia Espanhola, significa "assinalar o valor de uma coisa".

A avaliação só tem sentido na medida em que serve para tomar decisões concretas.

Embora o conceito de avaliação esteja muito ligado à idéia de medição, não se trata da mesma coisa. A medição é o ato de verificar a extensão e quantificação de algo. A avaliação, por outro lado, faz referência ao ato de verificar o valor desse algo, sendo que pode-se medir sem valorar, e valorar sem medir. Deve-se levar em conta que, em muitos casos, a medição ajuda na tarefa de avaliar.

Nesta mesma linha, encontram-se as definições de KAUFMAN e ENGLISH (1979), que consideram que "a avaliação consiste em analisar as discrepâncias entre o que é e o que deve ser".

Em geral, a avaliação da Qualidade depende quase que exclusivamente das medidas de estrutura e processos da atenção. Os organismos governamentais de acreditação e os grupos profissionais têm considerado mais fácil estabelecer estândares para a atenção, pertinente à estrutura e ao processo.

Avaliar é diagnosticar uma realidade para poder estabelecer a intervenção. A avaliação é um poderoso instrumento de mudança social que serve de lastro para uma ação modernizadora. Há uma crescente ênfase na avaliação direcionada à melhoria permanente da Qualidade, voltada ao atendimento das necessidades, expectativas e satisfação da população que recorre aos hospitais e serviços de saúde.

Quadro X
Metodologias da Qualidade

Tipo de avaliação	Instrumento	Caracterização	Área de abrangência
Acreditação	JC	São usados padrões ótimos para a verificação dos hospitais, através de indicadores quantitativos clínicos e banco de dados incorporados ao processo de acreditação.	Institucional
	CBA	São usados padrões mínimos para a verificação dos hospitais, através de indicadores quantitativos que estão em fase de construção e testagem em hospitais federais do Rio de Janeiro.	Institucional
	MBAH	Busca classificar os hospitais em níveis, estabelecidos a partir de padrões conforme os itens de verificação. O instrumento construído estabelece o padrão e o item de verificação que devem ser considerados.	Institucional
Certificação	ISO	Permite garantir o sistema de qualidade, através da verificação das normas estabelecidas pela ISO.	Setorial
Selo	Programa do CQH	Baseia-se no registro e análise de dados e aferição da adequação dos serviços às suas normas e critérios.	Institucional
Premiação	PNQ	Busca estimular a melhoria da Qualidade e produtividade da gestão das organizações produtoras de bens e serviços, estabelecendo 7 critérios e itens de avaliação que permitem o diagnóstico baseado em metas de pontuação, sendo que este instrumento não é prescritivo.	Institucional
	PQGF	É um instrumento de transformação da Gestão Pública, no campo específico da promoção da Qualidade, dos serviços prestados aos cidadãos.	Institucional
	PNGS	Trata-se de um instrumento dirigido a instituição de forma global, visando promover um alto diagnóstico e diagnóstico interno e externo com apontamento do que se pode melhorar.	Institucional

Fonte: BONATO, V.L., 2003. *Programas de Qualidade em Hospitais do Município de São Paulo.* Tese de Doutorado apresentada ao Departamento de Prática em Saúde Pública da Faculdade de Saúde Pública da Universidade de São Paulo para obtenção de Grau de Doutor.

Acreditação Hospitalar

A Acreditação, método de avaliação externa da Qualidade dos serviços de saúde, muito difundida em países de língua inglesa, antecedeu em muito o movimento do gerenciamento da Qualidade Total. Seu desenvolvimento se confunde com aquele dos serviços de saúde nos Estados Unidos, exemplo mais conhecido e divulgado desta vertente da Qualidade. Justamente por ter sido desenvolvida para a saúde e dentro da sua realidade, envolveu, sobretudo, a corporação médica, e seu jargão é familiar aos vários atores da área. Estas características tendem a diminuir as resistências observadas no setor para a adoção de métodos de avaliação.

O modelo de Acreditação vem marcando a medicina americana com a tentativa de assegurar a excelência dos procedimentos médicos e garantir a segurança das ações de saúde, respondendo assim, com a prestação de serviços com Qualidade para uma sociedade organizada e consciente de seus direitos. Este conceito refere que o termo acreditar significa: "conceder reputação a; tornar digno de confiança". É neste sentido que se utiliza os termos acreditado (que merece ou inspira confiança), acreditador (que ou aquele que acredita) e acreditação (procedimento que viabiliza alguém ou algo a ser acreditado).

Conseqüentemente, um hospital que se submete ao processo de Acreditação poderá ser acreditado por uma instituição oficial credenciada para esse fim.

O processo de Acreditação propõe a participação voluntária das instituições envolvidas com a saúde, estimulando-as a um comportamento de procura da melhoria contínua da Qualidade, criando e desenvolvendo positivamente a integração com a sociedade e estimulando a cidadania.

Segundo o Manual de Acreditação Hospitalar para a América Latina e o Caribe – OPAS (1996) – Acreditação é definida como: "(...) o procedimento de avaliação dos recursos institucionais, voluntário, periódico e reservado, que tende a garantir a qualidade da assistência através de padrões previamente aceitos. Os padrões podem ser mínimos ou mais elaborados e exigentes, definindo diferentes níveis de satisfação (...)".

Acreditação constitui um método desenvolvido para apreciar a qualidade da assistência médico-hospitalar em todos os serviços de um hospital, com base em duas importantes variáveis:

- Avaliação dos padrões de referência desejáveis, construídos por peritos e previamente divulgados.
- Os indicadores, isto é, os instrumentos que o avaliador/visitador usará para constatar se os padrões foram observados ou estão presentes na instituição.

Acreditação Hospitalar insere uma dimensão nova no hospital, que resulta em auto-avaliação e revisão interna, determinando um processo de intercomunicação entre os diversos setores do hospital, que se empenham em melhorar o trabalho da equipe, no sentido de alcançar um importante objetivo: oferecer assistência médica integrada, continuada e de qualidade ao paciente hospitalizado.

A Acreditação Hospitalar não constitui auditoria ou procedimento de habilitação institucional, pois estas são funções do Estado. Ela é uma maneira consistente de regular a qualidade dos serviços de saúde na medida em que os parâmetros de avaliação se modificam ao longo do tempo.

Reproduzindo o Manual Brasileiro de Acreditação Hospitalar (MINISTÉRIO DA SAÚDE, 1999), o Grupo Técnico de Acreditação, formado por profissionais envolvidos com o tema definiu que: "Acreditação significa um sistema de avaliação periódica, voluntária e reservada, para o reconhecimento da existência de padrões definidos na estrutura, processo e resultado, com vistas a estimular o desenvolvimento de uma cultura de melhoria contínua da qualidade da assistência médico-hospitalar e na proteção da saúde da população".

Acreditação é um sistema de verificação de Qualidade, medindo de acordo com sua conformidade uma série de padrões. Estes constituem expectativas de desempenho que minimizam riscos para pacientes e profissionais e aumentam as probabilidades de sucesso.

A América Latina e o Caribe como um todo, e o Brasil em particular, apresentam cerca de 70% de seus hospitais com menos de 70 leitos. Mesmo existindo grandes centros médicos públicos e privados, comparáveis aos mais avançados de qualquer outro continente.

Preocupada com estas questões e embuída do propósito de melhorá-las, a Organização Pan-Americana de Saúde e a Organização Mundial de Saúde, juntamente com a Federação Latino-Americana de Hospitais, desenvolveu um modelo de Acreditação hospitalar apropriado às características desta região, suficientemente flexível, de maneira a adaptar-se às pronunciadas diferenças entre uma sub-região e outra, para ser amplamente discutida.

Em 1989, houve a primeira reunião da Organização Pan-Americana de Saúde, para discutir-se nos diversos países da América Latina, a questão da Acreditação Hospitalar.

O entendimento de que este processo é lento e que a mudança de cultura gerencial do Sistema de Saúde, que não se traduz em meses, mas em anos, constitui consenso.

À medida em que a sociedade brasileira evolui e participa dos diferentes segmentos, passando a exigir o que é de direito, as organizações começam a inquietar-se com seu desempenho e sua forma de prestação de serviços. Estas preocupações são recentes, assim como a mobilização e participação social mais intensa, diferente da sociedade americana que já trabalha com o conceito de Acreditação há 75 anos.

A curto prazo, a existência de um Programa de Acreditação Hospitalar, estimula a melhoria da atenção ao paciente, fortalece a confiança da comunidade, apóia a educação do pessoal dos serviços de saúde e favorece o seu recrutamento.

Em 1913, o Dr. Ernest Codman apresentou uma dissertação à Sociedade Médica do Condado de Filadélfia (EUA), intitulada "O Produto dos Hospitais". Pretendia estimular a reflexão e o debate em torno da padronização dos hospitais, visando melhorar a qualidade dos produtos em que se investem os fundos alocados aos hospitais. Defendia que estimulando os melhores se conseguiria elevar a qualidade da atenção à saúde como um todo.

O referido autor já defendia a necessidade da formulação de algum método para elaborar relatórios dos hospitais que permitisse conhecer, da forma mais exata possível, os resultados obtidos com o tratamento de pacientes nas diferentes instituições. Este documento deve ser elaborado e publicado pelo hospital, segundo um sistema uniforme, para possibilitar comparações, bem como estabelecer questões sobre administração e eficiência (WHITE 1992, p. 25).

Este processo desperta as instituições de saúde para importância da criação de padrões de trabalho, e futuramente aos protocolos assistenciais, fazendo surgir a prática de uma medicina baseada em informações comparativas, a partir de procedimentos sistematizados.

Esta idéia adquiriu força e contribuiu para a formação do Colégio Americano de Cirurgiões, em 1913. Cinco anos depois, padrões oficiais para a prestação de cuidados hospitalares são implantados passando a serem conhecidos como "Padrão Mínimo" constando dos seguintes itens:

- Os médicos que trabalham em hospitais devem estar organizados como grupo (corpo médico).
- Os médicos e cirurgiões devem dispor de certificados e licenças reconhecidas, caráter e ética profissional.
- O corpo médico deve reunir-se pelo menos uma vez por mês para revisar e analisar todos os registros e serviços médicos.
- Os médicos devem fazer registros exatos dos casos de todos os pacientes.
- Disponibilidade de instalações de diagnóstico e terapêutica, incluindo patologia, radiologia e serviços de laboratório.

> "O Padrão Mínimo foi o precursor do processo de Acreditação Hospitalar nos Estados Unidos. Em 1951, o Colégio Americano de Cirurgiões une-se a quatro outras instituições – Colégio Americano de Médicos, Associação Médica Americana e Associação Médica Canadense, e surge a Comissão Conjunta de Acreditação Hospitalar. Em 1959, a Associação Médica Canadense retira-se para formar o Conselho Canadense de Acreditação de Instalações de Saúde. Em 1980, a Associação Odontológica Americana torna-se membro da Comissão Conjunta." (QUINTO, 1997).

O estabelecimento de padrões mínimos de Qualidade não é um tema novo no Brasil. Em 1979, a Dra. Lourdes Carvalho mencionava as vantagens advindas da existência de padrões mínimos de organização dos hospitais:

- **Para os pacientes:** receberiam uma assistência eficiente através da melhor organização do Corpo Clínico, da assistência de pessoal competente e de serviços complementares de diagnóstico e tratamento.
- **Para os médicos:** os hospitais assegurariam um ambiente de trabalho adequado; com prática orientada.
- **Para os hospitais:** a padronização daria os princípios fundamentais a um melhor funcionamento de toda a instituição.
- **Para os residentes e corpo de enfermagem:** os hospitais ofereceriam melhor experiência, sob supervisão, em vista da organização, equipamento e pessoal existentes.
- **Para a comunidade:** confiança no hospital e a vontade de ser atendida por ele, caso viesse a necessitar da atenção hospitalar (CARVALHO, 1979).

Um dos instrumentos básicos utilizados no Brasil foi o Manual de Acreditação Hospitalar proposto pela Organização Pan-Americana de Saúde e Federação Latino-Americana de Hospitais. Este trabalho resultou na elaboração do Manual de Avaliação da Qualidade

Assistencial Hospitalar. O esforço no sentido de construir um instrumento adaptado à realidade nacional deu-se com base em cinco aspectos:

- O impacto dos programas de garantia de Qualidade é absolutamente insignificante onde não existem programas de Acreditação.
- Falta de uma tradição de auto-avaliação e rigorosa revisão interna nos hospitais.
- Dificuldade dos administradores hospitalares em tomarem decisões orientadas para procedimentos inadequados, realizados pelo pessoal técnico.
- Carência de informações concretas sobre a eficiência, a adequação e a eficácia dos serviços de saúde.
- Pressão externa sobre os serviços de saúde.

A existência de um Programa de Acreditação Hospitalar no ambiente dos negócios da saúde proporciona quatro efeitos relevantes nos hospitais (HAYES e SHAW, 1994):

- **Busca voluntária da qualidade:** este é um dos principais incentivos para a Acreditação de serviços de saúde. É um sistema que permite à instituição uma demonstração de sua eficácia, de forma mais construtiva possível, através do desenvolvimento organizacional voluntário. Um sistema compulsório conduzido pelo governo adquire um caráter de julgamento e torna-se uma ameaça para algumas instituições. O processo voluntário encoraja as instituições a funcionarem de acordo com a Acreditação, e representa, acima de tudo, um compromisso com a Qualidade que livremente desejam.
- **Construção de equipe:** a preparação para a Acreditação é uma fase chave do desenvolvimento para todos os funcionários e profissionais envolvidos. A construção de uma equipe para a melhoria dos serviços, como um pré-requisito, é um processo que encoraja a motivação para alcançar melhores resultados.
- **Função educativa para a equipe de funcionários, profissionais e aplicadores:** o processo é instrutivo para os participantes das instituições e para os aplicadores do instrumento de Acreditação. Oferece às instituições a oportunidade de revisar suas práticas correntes, olhar com novos olhos o que estão fazendo, e a maneira pela qual isto pode ser melhorado. Uma compreensão de aspectos da gestão da assistência, numa situação de prática diária, freqüentemente pro-

porciona aos aplicadores idéias novas e abundante informação que podem ser utilizadas em suas instituições.
- **Instrumento útil de gerenciamento:** a Acreditação pode servir como um instrumento de gerenciamento, o que vem contribuindo para aumentar sua popularidade. No processo de Acreditação, a auto-análise ou auto-avaliação proporciona uma base para o desenvolvimento organizacional. O adicional da revisão externa coloca objetividade à auto-avaliação.

A avaliação de determinado programa de saúde pode ser feita com diferentes olhares técnicos. Os interesses do observador como ator agem diretamente em sua visão de um fato qualquer, fazendo que valorize mais determinados aspectos relacionados a sua formação técnica e sua visão do mundo. Portanto, a avaliação não é neutra, sendo que o avaliador e o solicitante influem na avaliação. O objetivo da avaliação, os critérios, os atores envolvidos no processo, e a divulgação de seus resultados é um processo com início e fim, com limites que atravessam diversos momentos.

Joint Commission International – JCI

A Joint Commission on Accreditation of Healthcare Organizations (JCAHO) é uma organização sem fins lucrativos, formada por profissionais de diversas áreas. Tem como objetivo desenvolver padrões de Qualidade em cuidados de saúde e avaliar instituições de saúde quanto a sua adequação a estes padrões tidos como o "estado da arte" em Qualidade de serviços.

Atualmente, mais de 18.000 prestadores de serviços em saúde nos Estados Unidos, são certificados pela JCAHO, voluntariamente, atendendo aos seus padrões de Qualidade (JOINT COMMISSION INTERNATIONAL, 1998).

Desde 1994, a Joint Commission International vem prestando consultoria a governos, hospitais e outras instituições de saúde em mais de 35 países, na Europa Ocidental, Central e Oriental; Oriente Médio; África; América Latina; Caribe; Ásia e áreas do Pacífico. Alia conhecimento técnico especializado de avaliação na área da saúde com o conhecimento específico de cada país e da sua cultura. Tem reconhecida a sua liderança na implementação de programas de melhoria de desempenho e de sistemas de avaliação nesta área (JOINT COMMISSION INTERNATIONAL, 1998).

As atividades internacionais da Joint Commission são prestadas pela JCI (Joint Commission International) e pela QHR (Quality Healthcare Resources).

A Joint Commission estimula instituições de saúde a alcançarem e excederem padrões, através da Acreditação e da educação voltada para a melhoria da Qualidade.

São usados padrões ótimos, e não mínimos, para a verificação dos hospitais, através de indicadores quantitativos clínicos e banco de dados nacionais, que também estão sendo incorporados ao processo de Acreditação. Trata-se de um processo aberto, onde se fornecem perguntas e são analisadas respostas.

As características da acreditação envolvem:
- Programas educacionais e publicações facilmente disponíveis.
- Processo participativo durante a visita.
- Organização durante todo o processo representada por um membro designado.
- Avaliadores respeitados por anos de experiência em suas áreas e pela formação teórica.
- Método de avaliação e processo decisório justos.
- Agenda programada com horários rígidos e cumprida para maximizar o uso do tempo dos representantes do hospital e da equipe.
- Relatórios públicos de desempenho dos hospitais.

A organização da visita pelos avaliadores segue os seguintes passos:
- Agenda genérica que define o que cada avaliador deverá fazer a cada hora.
- Modificação da agenda conforme as necessidades dos hospitais.
- Descrever com detalhes cada encontro ou entrevista, em caderno separado, incluindo exemplos de questões que o avaliador irá perguntar.
- A Joint Commission sugere quem do *staff* do hospital poderá participar em cada aspecto da investigação.
- Proporcionar à equipe, diariamente, oportunidade para se reunir e para rever os achados com o *staff* administrativo do hospital.
- Ao término da avaliação, é feita uma apresentação final para a equipe do *staff* administrativo do hospital (JOINT COMMISSION 1996, pp. 2.2-2.4).

A Acreditação pela Joint Commission é reconhecida nos EUA como um "Símbolo de Qualidade" indicando que a organização encontrou certos padrões de desempenho, possibilitando que ela melhore suas habilidades para prover a Qualidade no cuidado aos pacientes. Também é usada para requerer licença ou certificação junto ao Medicare, assim com condição de reembolso para este sistema.

A Acreditação deve ser um dos valores do cuidado à saúde. Os serviços acreditados ajudam a informar e proteger o consumidor, oferecem melhoria na educação e no sistema de cuidados com a saúde.

Dos cerca de 6.800 hospitais norte-americanos, aproximadamente 80% deles são acreditados pela Joint Commission.

As organizações participam da J. C. para:
- Melhorar a assistência ao paciente.
- Fortalecer a confiança da comunidade.
- Oferecer consultoria profissional e aumentar a cultura do *staff*.
- Obter suporte técnico.
- Estimular programas internos de melhoria da Qualidade.
- Estimular o envolvimento do *staff*.
- Preencher os requisitos de alvará em muitos Estados.
- Ser reconhecida pelas companhias de seguros e outras.
- Atrair referências profissionais.
- Obter maiores facilidades junto a financiadores.
- Melhorar o acesso e reduzir o custo da cobertura do seguro de responsabilidade civil.
- Apressar os pagamentos de terceiros.

Os padrões da Joint Commission são voltados para os resultados e para a melhoria contínua dos processos de cuidado ao paciente, contemplando os direitos e deveres de cada indivíduo, garantindo que os cuidados prestados sejam os mais adequados, onde se priorizam o conhecimento e participação do paciente nas decisões. Dá-se importância à continuidade até que suas necessidades estejam totalmente atendidas.

Estes mesmos padrões também se relacionam com a infra-estrutura e o ambiente nos quais os cuidados são prestados. Os profissionais responsáveis devem ser qualificados e os processos definidos.

A Acreditação em hospitais típicos, segue os seguintes passos:
- Avaliação no mínimo a cada três anos.

- Equipe de avaliadores formada por médico, enfermeiro e administrador.
- A equipe faz entrevistas, apresentações, educação em saúde, consultoria e revisão de documentos para avaliar o grau de cumprimento dos padrões.
- Para avaliação, a equipe elabora minuta de relatório e decisão sobre a Acreditação.
- Relatório final é emitido pelo Comitê de Acreditação do escritório central.
- Monitoramento posterior é feito durante os três anos que se seguem, se surgirem problemas.

Consórcio Brasileiro de Acreditação – CBA

No Brasil, no ano de 1997, foi criado o Consórcio Brasileiro de Acreditação de Serviços de Saúde – o CBA. Este consórcio foi integrado: pela Fundação CESGRANRIO, por sua experiência em avaliação educacional; pela Universidade Estadual do Rio de Janeiro, através do Instituto de Medicina Social; pelo Colégio Brasileiro de Cirurgiões; e, pela Academia Nacional de Medicina, por sua tradição e capacidade técnica.

A união das quatro instituições teve por finalidade possibilitar, na área da saúde, o desenvolvimento de avaliações e ações de aprimoramento da Qualidade, trabalhando em estreita cooperação. Ao mesmo tempo visou assegurar: a participação das entidades que representam os prestadores de serviços; os financiadores do atendimento à saúde; os representantes dos usuários; da comunidade; dos profissionais da saúde; e, das instituições técnico-científicas ligadas a esta área.

O CBA (1999) vem trabalhando para adequar os padrões da Joint Commission à cultura brasileira e refletir sobre a melhor forma de aplicação dos estândares para nossa realidade. Este instrumento já foi utilizado por algumas instituições no país (FUNDAÇÃO CESGRANRIO 1999, pp. V-VI).

Manual Brasileiro de Acreditação Hospitalar - MBAH

O Manual Brasileiro de Acreditação Hospitalar é um instrumento para estimular a melhoria da Qualidade dos hospitais brasileiros, através da análise de alguns indicadores a serem observados.

O método busca classificar os hospitais em níveis estabelecidos a partir de padrões a serem avaliados conforme os itens de verificação indicados, e estes serão orientadores para o avaliador.

Visa a avaliação da Qualidade institucional e é composto de seções e subseções. Nas subseções existem os padrões definidos segundo três níveis, do mais simples ao mais complexo. Para cada nível são definidos itens de verificação que orientam o processo de visita e a preparação do hospital para a Acreditação.

Os níveis, conforme o MBAH (MINISTÉRIO DA SAÚDE 1999, p. 7), centram pontos a serem avaliados pelo hospital e servirão de orientador para os visitadores. Segue abaixo seus amplos objetivos:

Nível 1 – as exigências deste nível contemplam o atendimento aos requisitos básicos da qualidade na assistência prestada ao cliente, nas especialidades e serviços do hospital, com os recursos humanos compatíveis com a complexidade, qualificação adequada dos profissionais e responsável técnico com habilitação correspondente para as áreas de atuação institucional.

Nível 2 – presença de evidências de adoção do planejamento na organização da assistência hospitalar, referentes à: documentação, corpo funcional, treinamento, controle, estatísticas básicas para a tomada de decisão clínica e gerencial e práticas de auditoria interna.

Nível 3 – evidências de políticas institucionais de melhoria contínua em termos de estrutura, novas tecnologias, atualização técnico-profissional, ações assistenciais e procedimentos médico-sanitários. Evidências objetivas de utilização da tecnologia da informação, disseminação global e sistêmica de rotinas padronizadas e avaliadas com foco na busca da excelência.

O instrumento construído estabelece o padrão e o item de verificação que deve ser considerado. Pode-se perceber que o instrumento busca identificar se há ou não o solicitado. O foco do instrumento está na presença ou ausência do item a ser verificado em relação ao padrão estabelecido.

Está voltado prioritariamente para a área de resultados dos serviços prestados, não tendo como objetivo de trabalho a avaliação da gestão da instituição e suas políticas. O instrumento apresenta-se como um avanço importante na busca da melhoria dos serviços de saúde, que deverá sofrer reformulações ao longo de seu uso.

O processo de avaliação e visita é composto por duas grandes etapas: a pré-visita e a visita propriamente dita. A primeira está relacionada com a preparação da instituição para o processo de Acreditação, na qual o hospital toma conhecimento desse processo e se prepara para solicitar a visita de avaliadores.

A visita somente ocorrerá após a solicitação voluntária do hospital à instituição acreditadora.

Certificação

> Segundo PRAZERES (1996, p. 65), Certificação é a Atividade de comprovação da qualificação de itens, materiais, produtos, serviços, procedimentos, processos, pessoal ou de sistema da qualidade, no todo ou em parte. A certificação da qualidade necessariamente será executada por entidade especificamente designada para tal (organismo certificador), com base em requisitos previamente estabelecidos e documentados, podendo ou não resultar em emissão de certificados.

International Standard Organization – ISO

> A Certificação ISO, também por PRAZERES (1996, p. 65), é definida como: Declaração emitida por um organismo de certificação credenciado, que atesta que a organização solicitante cumpre com os requisitos das normas ISO série 9000. Trata-se de uma prova pública. Para ser certificada, a organização precisa comprovar que tem um sistema da qualidade implantado e em funcionamento. A comprovação é feita através de uma auditoria de certificação conduzida pelo organismo de certificação contratado, via análise da documentação do sistema da qualidade (procedimentos, instruções de trabalho, documentos e registros da qualidade) e as evidências objetivas de sua implementação e funcionamento.

A ISO (Organização Internacional para Normalização) é uma federação mundial atualmente com 90 membros, composta pelos organismos nacionais de normalização de cada país. No Brasil é representada pela ABNT (Associação Brasileira de Normas Técnicas).

A ISO começou a funcionar oficialmente em 23/2/1947, com sua sede em Genebra – Suíça. Tem por objetivo promover o desenvolvimento da normalização e de atividades mundiais correlacionadas, com vistas a facilitar o comércio internacional de bens e serviços, bem como desenvolver cooperação na esfera de atividade intelectual, científica, tecnológica e econômica.

O sistema de garantia da Qualidade ISO 9000, chegou ao Brasil em 1987. Dez anos depois, apontava mais de 1.400 empresas certificadas.

As terminologias das normas, na versão vigente, são mais facilmente correlacionadas à realidade da indústria, e por isso, é recomendado ao usuário de outros setores minuciosa leitura e interpretação de seus elementos. Vale ressaltar que a tradução das normas ISO para a língua portuguesa baseou-se na versão em inglês, que por apresentar características gramaticais peculiares, dificulta em várias partes do texto a tradução fiel de expressões e terminologias e a manutenção do significado original. Na revisão de 1994, várias correções foram realizadas a fim de melhorar o texto traduzido, mas, apesar disso, sugere-se que no caso de dúvidas seja consultada a norma na versão original. Muito da abordagem apresentada baseia-se no desenvolvimento de importante trabalho em equipe.

A implantação do Sistema ISO 9000 para as áreas produtivas é favorável, trazendo resultados imediatos e preparando a área para outros avanços.

As normas ISO incrementam a ordem e a disciplina interna, incentivam a identificação e monitorização de indicadores da Qualidade, aumentando a consistência dos serviços prestados e facilitando a análise do desempenho dos processos por parte da administração.

De acordo com a ABNT (Associação Brasileira de Normas Técnicas, 2000) a obtenção de um certificado:

> "(...) consiste no processo de estabelecer e aplicar regras, a fim de abordar ordenadamente uma atividade específica, para o benefício e com a participação de todos os interessados e, em particular, de promover a otimização da economia, levando em consideração as condições funcionais e as exigências de segurança".

Os principais objetivos da metodologia ISO 9001: 2000 são:

(a) simplificação: redução da crescente variedade de procedimentos e tipos de produto;

(b) comunicação: proporcionar meios mais eficientes para troca de informação entre os fabricantes, clientes e colaboradores internos, melhorando a confiabilidade das relações comerciais e de serviços prestados;

(c) economia: busca da economia global, tanto do lado produtor como do consumidor;

(d) segurança: a proteção da vida humana e da saúde é considerada como um dos principais objetivos da normalização;

(e) proteção ao consumidos: a norma traz à comunidade e ao cliente interno a possibilidade de aferir a qualidade dos produtos.

Regulamentos conflitantes sobre produtos e serviços em diferentes países, facilitando assim o intercâmbio comercial.

Para a ABNT (2000), os principais Benefícios Qualitativos constituem:

- utilização adequada de recursos;
- disciplina de produção;
- uniformidade do trabalho;
- registro do conhecimento tecnológico;
- melhoria do nível de capacitação do pessoal;
- controle dos produtos e processos;
- segurança do pessoal e dos equipamentos;
- racionalização do uso do tempo.

Para QSP (1998), os maiores benefícios obtidos pelas organizações certificadas são o incremento do nível de organização e controle interno e o aumento da satisfação de clientes externos e funcionários. Outros fatores de sucesso são apontados por esses autores para as mudanças necessárias:

- reconhecimentos da importância de se ter consenso sobre a necessidade de mudança;
- comunicação clara dos objetivos e das alterações a serem implementadas;
- esforço especial no treinamento;
- dar tempo ao tempo;
- conceitos de satisfação;

Apesar dos termos técnicos da Norma, com treinamento adequado é possível transmitir aos colaboradores seu papel e suas responsabilidades na elaboração e condução dos processos que afetam diretamente o atendimento ao cliente. A ISO é passo importante na educação e preparação dos colaboradores para o trabalho em equipe e participação no sistema de melhoria contínua da Qualidade.

A norma ISO, como muitos críticos querem afirmar, não significa a burocratização da área, nem tampouco o alcance da Qualidade Total. Estar embasado nas normas ISO significa um patamar importante de identificação, otimização, qualificação, padronização e monitorização dos processos, além de ser um fantástico exercício de visão multifuncional, compartilhada com toda a equipe profissional.

No setor saúde, encontram-se 167 instituições certificadas, segundo dados da ABNT e em 2002, houve a emissão da nova versão da norma ISO. Dentre as mudanças realizadas, passa-se a ter os principais focos: gerenciamento por processos, com a identificação de indicadores de eficiência e eficácia; satisfação do cliente; e, melhoria contínua.

Selo

Selo é um emblema, símbolo ou marca usado para identificar, substituir ou autenticar a assinatura ou escritos de um indivíduo ou organização. Possuir um selo significa estar certificado, em conformidade com uma norma ou outro documento normativo, especificado pelo órgão emissor deste selo.

Uma organização que possui um Selo de Qualidade traduz na sua maneira de funcionar as normas, procedimentos e regulamentos exigidos na obtenção da qualidade esperada, e seu produto ou serviço está adequado ao uso e às exigências estabelecidas.

Dessa forma, além de significar a regulamentação da organização dentro dos parâmetros prescritos, o Selo significa também que o usuário tem a garantia da qualidade na obtenção de um produto e/ou serviço oferecido por uma organização, instituição, etc. (PRAZERES, 1996).

Controle de Qualidade Hospitalar – CQH

Conforme referido no "Manual de Orientação aos Hospitais Particulares 1998", o CQH é um sistema de informações que visa a avaliação da qualidade do atendimento médico-hospitalar, baseado no registro, análise de dados, aferição da adequação dos serviços às suas normas e critérios.

A finalidade da avaliação é contribuir para o aperfeiçoamento e melhoria dos hospitais, abrindo perspectivas modernizantes, nas quais a Qualidade, a racionalidade e a eficiência constituam os objetivos máximos pretendidos.

Espera-se que as normas e procedimentos apresentados contribuam para o apoio e desenvolvimento de ações que visem a melhoria contínua da Qualidade. Para isto segue os seguintes objetivos:

- Estimular o comprometimento da alta direção dos hospitais com a busca da melhoria contínua da Qualidade.

- Sensibilizar os trabalhadores de saúde para a necessidade de mudança cultural, no sentido de incorporar ações de melhoria contínua da Qualidade do atendimento.
- Estimular o pessoal das instituições de saúde à participar de palestras, cursos e reuniões sobre temas referentes a Qualidade hospitalar.
- Estimular a formação de equipes multiprofissionais para controle da Qualidade nos hospitais, voltadas para a auto-avaliação (CQH – Manual de Orientação aos Hospitais – 1994).

Para a implementação do programa nos hospitais, é necessário verificar e analisar as condições da estrutura hospitalar, a capacitação profissional e técnica, os processos, os resultados do atendimento, as opiniões dos consumidores e prestadores dos serviços, além de:

- Desenvolver estudos e modelos de administração em saúde nas unidades médico-hospitalares, a partir da participação no CQH.
- Incentivar a formação de equipes, com representantes do corpo clínico, de enfermagem, administração e de outros profissionais e serviços, para o desenvolvimento de um programa de melhoria, que envolva a cooperação de todos na busca contínua da Qualidade.
- Desenvolver estudo e aperfeiçoamento dos atuais indicadores, padrões e parâmetros de avaliação.
- Desenvolver e aperfeiçoar método de participação do usuário no sistema de prestação de serviços.
- Divulgar ou possibilitar a divulgação do CQH nos hospitais (CQH – Manual de Orientação aos Hospitais – 1994).

O CQH é administrado pela Associação Paulista de Medicina (APM) e Conselho Regional de Medicina do Estado de São Paulo (CREMESP), ligadas ao ambiente médico-hospitalar do Estado de São Paulo. Estas entidades designam o nível executivo responsável pela parte operacional do programa, e também colocam à disposição os recursos necessários para a implementação do mesmo.

O nível executivo atua como núcleo técnico do programa para recebimento e encaminhamento dos relatórios a cada hospital participante, bem como, processamento de dados, manutenção de arquivos, concessão do Selo de Conformidade e outras atividades pertinentes.

O CQH possui um sistema para captação, validação e registro de dados de um universo definido de hospitais do Estado de São Paulo. A extração das informações permite avaliar a situação de cada um dos participantes frente às suas expectativas internas e da comunidade usuária.

Premiação

A Premiação é uma distinção ou recompensa conferida por certo trabalho ou mérito, sendo constituída por um diploma ou troféu. Ela estimula a melhoria contínua da qualidade de produtos e serviços, estabelecendo amplo entendimento dos requisitos de excelência e desempenho, promove a imagem e reputação internacionais da excelência dos produtos e serviços brasileiros, conferindo o 'estado da arte' à organização que o recebe.

Desta forma, garante melhoria da competitividade, ampla troca de informações sobre métodos e sistemas de gestão que alcançaram sucesso, e sobre os benefícios decorrentes da utilização dessas estratégias.

Seus critérios constituem um modelo sistêmico de gestão adotado por inúmeras organizações de classe mundial. Dessa forma, uma organização pode modelar seu sistema de gestão, realizar uma autoavaliação ou se candidatar ao Prêmio Nacional da Qualidade.

Criado em 1992, na categoria Administração Pública (1996), o Prêmio Nacional da Qualidade representou um diferencial para a melhoria da gestão pública, estimulando e preparando o setor público para condições adequadas de concorrência, dentro de um mercado competitivo mundial.

As estratégias do programa da Qualidade no serviço público têm a finalidade de reconhecer e premiar as organizações públicas. Estas devem comprovar, mediante avaliação feita por uma banca examinadora, desempenho institucional, estando sujeita a premiação.

Os prêmios President's Quality Award (específico para organizações públicas), Malcolm Balbridge National Quality Award, dos Estados Unidos, e o Prêmio Nacional da Qualidade (PNQ) do Brasil são exemplos de Premiação baseados nos critérios, anteriormente, citados.

Prêmio Nacional da Qualidade – PNQ

O Prêmio Nacional da Qualidade é um reconhecimento à excelência na gestão das organizações sediadas no Brasil, na forma de troféu. É administrado pela Fundação Nacional da Qualidade – FNQ, entidade privada, sem fins lucrativos, criada em 1991, por organizações privadas e públicas.

Sua missão visa promover a conscientização para a qualidade e produtividade das empresas produtoras de bens e serviços; e, facilitar a transmissão de informações e conceitos, relativos às práticas e técnicas modernas e bem sucedidas da gestão da qualidade, inclusive com relação aos órgãos da administração pública.

Em função da sua flexibilidade, da simplicidade da linguagem utilizada e, principalmente, por não prescrever ferramentas e práticas de gestão específicas, o modelo é útil para avaliação, diagnóstico e orientação de qualquer tipo de organização, no setor público ou privado, com ou sem finalidade de lucro e de porte pequeno, médio ou grande.

O Prêmio está baseado em um conjunto de critérios para a excelência do desempenho. Esses critérios permitem um diagnóstico da organização referente ao sistema de gestão de desempenho.

A principal característica dos critérios de excelência do PNQ é uma orientação para os resultados do negócio, definidos pela composição dos seguintes aspectos: "Liderança, Estratégias e Planos, Clientes, Sociedade, Informações e Conhecimento, Pessoas, Processo e Resultados" (FNQ, 2007).

Os critérios de excelência realizam uma detalhada 'varredura' por todos os aspectos relativos ao funcionamento, desempenho e operacionalização das organizações, bem como interagem e enfatizam alguns aspectos que merecem maior destaque:

- Melhorias incrementais e revolucionárias.
- Estratégia de decisões organizacionais.
- Desempenho financeiro.
- Inovação e criatividade.

As organizações candidatas ao Prêmio devem fornecer informações sobre seu sistema de gestão, sobre seus processos de melhoria e sobre os resultados alcançados, de acordo com o que é solicitado por estes critérios.

Essas informações têm por objetivo demonstrar que a candidata utiliza enfoques eficazes e exemplares, que podem ser úteis também para outras organizações.

Estes critérios estão desenhados não somente para servir como fundamento para a premiação, mas, principalmente, para permitir um diagnóstico, qualquer que seja o tipo de organização, no que se refere ao sistema de gestão do desempenho.

Os critérios foram construídos a partir de um conjunto de valores e conceitos que são fundamentais para a integração dos requisitos principais da organização, dentro de uma estrutura de gestão orientada para resultados.

Os principais valores e conceitos são:
- Pensamento sistêmico.
- Aprendizado organizacional.
- Cultura de inovação.
- Liderança e constância de propósitos.
- Orientação por processos e informações.
- Visão de futuro.
- Geração de valor.
- Valorização das pessoas.
- Conhecimento sobre cliente e mercado.
- Desenvolvimento de parcerias.
- Responsabilidade social.

Quanto à estrutura, os principais valores e conceitos são incorporados em 8 critérios, subdivididos em 24 itens conforme *Quadro XI – Critérios de Excelência do PNQ* a seguir.

Quadro XI
Critérios de Excelência do PNQ

1. Liderança 1.1 Sistema de Liderança 1.2 Cultura de excelência 1.3 Análise do desenvolvimento da organização	**5. Informações e conhecimento** 5.1 Gestão das informações da organização 5.2 Gestão das informações comparativas 5.3 Gestão dos ativos intangíveis
2. Estratégias e planos 2.1 Formulação das estratégias 2.2 Implementação das estratégias	**6. Pessoas** 6.1 Sistemas de trabalho 6.2 Capacitação e desenvolvimento 6.3 Qualidade de vida
3. Clientes 3.1 Imagem e conhecimento de mercado 3.2 Relacionamento com clientes	**7. Processos** 7.1 Gestão de processos principais do negócio e dos processos de apoio 7.2 Gestão de relacionamento com os fornecedores 7.3 Gestão econômico-financeira

Quadro XI (continuação)

4. Sociedade 4.1 Responsabilidade sócio-ambiental 4.2 Ética e desenvolvimento social	8. Resultados 8.1 Resultados econômico-financeiros 8.2 Resultados relativos aos clientes e ao mercado 8.3 Resultados relativos à sociedade 8.4 Resultados relativos às pessoas 8.5 Resultados dos processos principais do negócio e dos processos de apoio 8.6 Resultados relativos aos fornecedores

Fonte: Critérios de Excelência, FNQ – Fundação Nacional da Qualidade, 2007.

A avaliação, observando os critérios de excelência do PNQ, é aplicável em qualquer organização. A estrutura dos critérios é flexível e adaptável a todos os ramos de atividade. Permite à organização medir seu desempenho pelos indicadores financeiros, relativos ao cliente, ao produto e aos processos.

Além disso, é possível identificar seus pontos fortes e se concentrar nas principais oportunidades para melhoria. Com os recursos alinhados para alcance das metas, a organização poderá melhorar seu desempenho.

Ao se candidatar, a instituição recebe um relatório de avaliação detalhado, relacionando pontos fortes e oportunidades para melhoria, com base numa avaliação externa independente, executada por profissionais de reconhecida competência. Esse relatório permite uma análise das observações efetuadas pela própria organização, levando a reflexão de alguns aspectos favoráveis, tais como:

- Revisão do modelo de gestão.
- Clareza dos principais processos institucionais.
- Mudança do foco na tarefa para foco no cliente.
- Pensamento sistêmico.
- Diagnóstico situacional da instituição.
- Favorecimento da sinergia grupal.

O PNQ tem sido a metodologia inspiradora e estimuladora para a organização de outros prêmios setoriais, que vêm tomando seus princípios e valores como orientadores. Como exemplo dessa prática, temos o Prêmio de Qualidade do Governo Federal – PQGF, o Prêmio Nacional da Gestão em Saúde – PNGS, entre outros, que são considerados prêmios setoriais pela Fundação Nacional da Qualidade – FNQ por se tratarem de premiações direcionadas a setores específicos da administração geral.

Os prêmios setoriais acabam por incorporar e tomar "emprestado" os mecanismos já experimentados e bem sucedidos aplicados pelo PNQ. A seguir, trataremos desses prêmios setoriais.

Prêmio de Qualidade do Governo Federal – PQGF

O PQGF faz parte do plano do governo Federal para o incentivo à Qualidade dos setores públicos. Este programa vem se desenvolvendo desde 1991, estimulando a administração pública para uma gestão empreendedora, valorizando os serviços prestados aos usuários e aos servidores. Busca agilizar seus processos e fazer com que a organização pública passe a considerar o cidadão como parte interessada e essencial ao sucesso da gestão e, em função disso, que a avaliação do desempenho institucional somente seja considerada aceitável se incluir a satisfação do cidadão como item de verificação.

Melhorar a qualidade dos serviços prestados ao cidadão e, ao mesmo tempo, tornar o cidadão mais exigente em relação aos serviços públicos a que tem direito, é o grande desafio da Qualidade na administração pública e o foco da atuação do PQGF.

Para isso, as ações do programa se desenvolvem, principalmente, no espaço em que a organização pública se relaciona diretamente com o cidadão, ou seja, na condição de executora da ação do Estado. O Programa da Qualidade no Serviço Público – PQSP – forma examinadores para avaliar as organizações candidatas, sendo esta rede de pessoas, a base para a atuação desse Programa. Os examinadores podem ser funcionários públicos e cidadãos brasileiros que queiram contribuir para a melhoria da gestão pública brasileira. A atuação do examinador é voluntária e não-remunerada, mesmo assim, necessita de uma boa orientação para que esteja alinhada com os referenciais do programa. Portanto, podemos dizer que este programa visa mobilizar os mais diversos âmbitos das organizações públicas, seus funcionários e os brasileiros de forma geral, para estabelecer uma tecnologia de gestão pública que visa padronizar a atuação gerencial nos termos da qualidade, eficiência e ênfase no cidadão, e não apenas nos processos burocráticos.

Quando premiadas, as organizações passam a ser modelos de excelência e tornam-se referência na rede pública para os diferentes segmentos.

O premio é oferecido às organizações que representam o "estado da arte" da gestão pública. Esta cerimônia é realizada no Palácio do Planalto em Brasília, conta com a presença do Excelentíssimo Senhor Presidente da República, mostrando a grande importância do prêmio.

Cabe às lideranças da organização buscar e estimular as contribuições individuais que possam viabilizar o alcance de objetivos comuns. O instrumento PQGF valoriza a prática da gestão participativa que requer ainda: diálogo e confiança para delegar respeito mútuo entre todos; compartilhamento de informações, estimulando a capacidade para tomar decisões; e, a criatividade, melhorando o clima organizacional, contribuindo para a realização das pessoas.

Prêmio Nacional da Gestão em Saúde – PNGS

O Prêmio Nacional da Gestão em Saúde (PNGS) foi criado em 2003, por iniciativa do Programa de Controle da Qualidade Hospitalar (CQH) com objetivo de incentivar organizações da área da saúde a avaliar e buscar melhorias contínuas de seus sistemas de gestão. Esse Prêmio reconhece aquelas organizações que se destacam pela utilização de práticas de gestão e que apresentam resultados superiores de desempenho.

O PNGS é um instrumento que possui um sistema de avaliação simplificada, podendo ser útil em organizações de saúde que focam o desenvolvimento e aperfeiçoamento de seus sistemas de gestão, indicando seus principais pontos fortes e oportunidades de melhorias.

O PNGS tem como público-alvo organizações da área de saúde, privadas ou públicas, em todo território nacional. Para serem elegíveis ao PNGS, as organizações de saúde devem satisfazer algumas condições, tais como: ter pelo menos um ano de existência, ter no mínimo dez profissionais na força de trabalho, não ser operadora de plano de saúde, ter registro no Conselho Regional de Medicina de seu Estado, e estar inscrito no CNPJ.

Ao participar do PNGS a organização obterá como principais benefícios:

- Compreender os requisitos para a excelência do desempenho.
- Medir e identificar para melhorar o desempenho.

- Integrar as necessidades de todas as partes interessadas no seu sucesso.
- Identificar de forma sistemática pontos fortes e oportunidades de melhoria.
- Promover cooperação interna entre setores, processos e as pessoas da força de trabalho.
- Comparar com referenciais de excelência.
- Reconhecimento e divulgação do nome da organização, quando premiada.

Para acompanhar o comportamento dinâmico do mercado quanto ao preço e qualidade de produtos e serviços, as organizações buscam novas tecnologias para melhorar seus processos, eliminar desperdícios e, portanto, modernizar sua gestão.

Quando as organizações aplicam novos modelos de gestão, se fortalecem para competir com o mercado e tornam-se referenciais. Portanto, recomenda-se que utilizem modelos de gestão advindos de ambientes competitivos para obter resultados positivos.

Os fundamentos em que se baseiam os Critérios de Excelência do PNQ e o PNGS são: pensamento sistêmico, aprendizado organizacional, cultura de inovação, liderança e constância de propósitos, orientação por processos e informações, visão de futuro, geração de valor, valorização das pessoas, conhecimento sobre o cliente e o mercado, desenvolvimento de parcerias e responsabilidade social.

Para esclarecer as diferenças entre os dois prêmios, já que ambos têm como base o PNQ, observe o quadro na página seguinte.

Quadro XII
Comparativo das Metodologias de Qualidade

	PNQ	PQGF	PNGS
Fundamentos	• Pensamento sistêmico; • Aprendizado organizacional; • Cultura de inovação; • Liderança e constância de propósitos; • Orientação por processos e informações; • Visão de Futuro; • Geração de valor; • Valorização das pessoas; • Conhecimento sobre o cliente e o mercado; • Desenvolvimento de parcerias; • Responsabilidade social.	*Constitucionais:* • Publicidade; • Impessoalidade; • Moralidade; • Eficiência; • Legalidade. *Gerenciais:* • Aprendizado organizacional; • Agilidade; • Gestão participativa; • Valorização das pessoas; • Inovação; • Visão de Futuro; • Foco em resultados; • Gestão baseada em processos e informações; • Controle social.	Segue os mesmos Fundamentos do PNQ.

Critérios e itens	1. Liderança
	2. Estratégias e planos
	3. Clientes
	4. Sociedade
	5. Informações e conhecimento
	6. Pessoas
	7. Processos
	8. Resultados
		1.º Bloco: Planejamento
		  1. Liderança
		  2. Estratégias e planos
		  3. Cidadãos e sociedade
		
		2.º Bloco: Inteligência da Organização
		  4. Informação e conhecimento
		
		3.º Bloco: Execução
		  5. Pessoas
		  6. Processos
		
		4.º Bloco: Controle
		  7. Resultados
			Segue os mesmos Critérios do PNQ.

Fonte: a autora.

Da teoria à aplicação: a implantação da Qualidade em hospitais de São Paulo

Foi realizada pesquisa com oito instituições hospitalares públicas e privadas, especificadas por letras de "A" a "J".

A apresentação comparativa dos dados entre os hospitais pesquisados possibilitou a compreensão da situação específica de cada universo, assim como permitiu o desenvolvimento de idéias a cerca de questões que envolvem tanto as ações de Qualidade, quanto o funcionamento das instituições hospitalares.

O estudo dos dados favoreceu o entendimento das diferentes possibilidades contidas na utilização de uma mesma sistemática de Qualidade. Dessa forma, valorizou-se a condição de flexibilização permitida em cada uma destas situações, como elemento agregador, a partir das características de cada equipamento de saúde.

Com isto evidenciou-se que a implantação de ações de Qualidade, passa, necessariamente, pela construção de um diagnóstico situacional, onde é valorizada a cultura institucional, seus meios de comunicação, a forma como as relações de poder estão estruturadas, o envolvimento dos colaboradores nos processos institucionais e o comprometimento da alta direção.

Aspectos como a organização e o acesso à informação constituem também elementos importantes, uma vez que sua ausência fala da forma como a instituição está estruturada.

Os dados qualitativos compreenderam variáveis relativas à caracterização dos hospitais, estratégias de melhoria e mecanismos de Qualidade dos hospitais pesquisados. O conteúdo das questões quantitativas abordou pontos relacionados à escolha do método de Qualidade, tempo de implantação e resultados obtidos. Conhecer o universo das instituições pesquisadas, suas opções metodológicas para seus programas de Qualidade e seus caminhos de trabalho, permitiu a construção de um panorama da área da saúde, onde delineou-se como a Qualidade se coloca neste âmbito.

As abordagens de viés qualitativo permitem a compreensão mais aprofundada dos campos sociais e dos sentidos neles presentes, remetendo a uma teia de significados de difícil recuperação, em estudo de corte quantitativo.

A elaboração da análise qualitativa compreendeu as seguintes etapas:

- Sistematização das respostas oferecidas pelas instituições por meio das pessoas entrevistadas.
- Montagem de instrumento de avaliação de resultados, que permitiu visualização das Idéias Centrais nas respostas. Objetivou-se criar mecanismos de comparação das informações levantadas.
- Construção do cenário da Qualidade representado pelos hospitais pesquisados, por meio dos sujeitos que foram entrevistados e atuam nesta área.

Análise das Etapas

A caracterização da amostra da pesquisa apresenta informações sobre os hospitais de acordo com sua força de trabalho – número de colaboradores –, estrutura funcional – se é hospital geral ou especializado, o número de leitos – e personalidade jurídica – se privado, fundação, filantrópico ou público. Entende-se, neste contexto, que os colaboradores são aqueles indivíduos que atuam nos diferentes segmentos de prestação de serviço, ou seja, constituem a força de trabalho da instituição.

Os hospitais forneceram as informações sobre o número de colaboradores, por nível, em relação à função exercida pelo setor responsável da instituição. Foram destacadas funções tais como: operacional, técnica, universitária e terceirizada; e a distribuição de colaboradores por grau de escolaridade. Pretendeu-se assim, identificar em que níveis ocorrem maiores concentrações de profissionais e distribuição dos colaboradores quanto ao grau de escolaridade. Com estes dados buscou-se mostrar o levantamento do quadro de colaboradores que trabalham nestes hospitais. Em relação à função, a prevalência foi de profissionais do nível técnico; já quanto ao grau de escolaridade em todos os hospitais pesquisados, o segundo grau é o predominante.

A visualização da situação da Qualidade nos hospitais pesquisados foi baseada nos dados levantados, que abordam: tempo de implementação de estratégias de Qualidade que variaram de um a oito anos, abrangência (toda a organização até algumas áreas) e quantos colaboradores envolvidos – de vinte até dois mil, entre diretores, colaboradores, entre outros. Esta especificação auxiliou no entendimento de como as estratégias de Qualidade foram implantadas e o comprometimento da instituição para o alcance da construção deste objetivo.

Foram retratadas as ferramentas adotadas para implementar a estratégia de melhoria de Qualidade, dentre elas a Metodologia de Avaliação, Certificação, Acreditação e a Premiação adotadas. Verificou-se que os métodos mais utilizados foram o PDCA e ISO. A finalidade foi mapear os instrumentos utilizados pelos hospitais, bem como as sistemáticas que orientam as ações de Qualidade e as que melhor retratavam a situação do hospital.

As informações fornecidas também foram referentes ao apoio externo e interno para a condução do trabalho de implantação de sistemáticas de Qualidade. Para consultoria externa observou-se a utilização de empresa – predominantemente nacional – e quanto ao tempo de atuação – a variação foi de um a trinta meses. Para o apoio Institucional, verificou-se as funções dos colaboradores, onde se destacaram: gestores, superintendentes, gerente de qualidade, coordenador administrativo, comissão, diretor executivo e assistente técnico de saúde.

O modo como os hospitais montaram suas estruturas de Qualidade também foram ressaltados. A organização dos grupos teve como critério de formação a tarefa (o predominante), a função, o interesse pessoal e a área. As estruturas derivadas da implantação da Qualidade foram: Times de Melhoria, Comissões de Qualidade e Força Tarefa, mais detalhados na seqüência:

- Os *Times* – entendidos como estrutura que têm como objetivo identificar problemas relacionados com o trabalho, medir a freqüência desses, seus impactos no cliente e na organização, seus custos e recomendar ações corretivas.
- A *Comissão Executiva* – considerada como grupo encarregado de colocar em execução as resoluções tomadas pelos representantes da reunião a que ela pertence.
- A *Força Tarefa* – como a equipe multidisciplinar com o objetivo de analisar problemas considerados crônicos e propor soluções.

Entendendo as Respostas

A literatura relata que os programas de Qualidade tiveram seu início no período pós II Guerra Mundial e desenvolveram-se tendo como *locus* principal o segmento industrial. Dentro da área da saúde constata-se que as ações da Qualidade, organizadas como programas e sustentadas por sistemáticas específicas, constituem um caminho novo, de vida recente.

Como já citado anteriormente, os hospitais foram especificados de "A" a "J", e a idéia citada anteriormente pode ser corroborada pelos dados apresentados pelos hospitais A, B, C, D, G e H, que responderam ao item "Tempo de Implementação de Estratégias de Qualidade". Por estes dados, conclui-se que 65% dos hospitais, B, D, G e H, passaram por este processo há menos de oito anos, enquanto que apenas 35% deles, A e C, o fizeram há mais de oito anos.

Mesmo ao constatar-se que esta implementação é recente na maioria dos hospitais, a abrangência deste processo objetiva atingir a instituição em sua totalidade através de diferentes estratégias. Em cinco hospitais, C, D, E, F e H, foram relatados o envolvimento de todos os colaboradores em momentos diversos. Em dois hospitais, A e G, coube às lideranças a responsabilidade da sensibilização, conscientização e efetiva implantação do processo de qualidade, inter e intra-equipes.

Para a implantação dos programas de Qualidade, os hospitais optaram por diferentes mecanismos. Na questão destinada à identificação das ferramentas utilizadas, foi demonstrado que a mais utilizada foi o ciclo PDCA. Sendo que os hospitais A e C a utilizaram exclusivamente e o hospital D a aliou à ISO e à Joint Commission. O hospital G referiu aplicar, além do PDCA, o 5S e debates internos com subsídios de leituras dirigidas, que visavam a aquisição de noções gerais de administração e Qualidade. As instituições B e E utilizaram, respectivamente, metodologia própria e ferramentas específicas para cada área.

A instituição F utilizou a gestão estratégica com o objetivo de direcionar as ações de Qualidade, tal abordagem contém em si diferentes possibilidades para a condução dos trabalhos com foco na melhoria contínua.

O hospital H refere a utilização do Manual Brasileiro de Acreditação Hospitalar e do Consórcio Brasileiro de Acreditação Hospitalar.

Na amostra pôde-se observar a utilização destas sendo referidas das duas formas. Vale ressaltar que Metodologia compreende o estudo científico dos métodos, guiados para a investigação da verdade, e Método significa o conjunto dos meios, instrumento somado à técnica, dispostos convenientemente para alcançar um fim e, especialmente chegar a um conhecimento científico. Identifica-se semelhança entre instrumento e ferramenta, sendo o primeiro entendido como todo meio para conseguir atingir um fim e chegar a um resultado; ou utensílio para levar a efeito uma operação. Dessa forma, pode-se concluir a utilização de diferentes conceitos com a mesma finalidade.

Assim, para os gestores entrevistados parece não haver diferenciação entre estes dois conceitos, Metodologia e Ferramenta, quando aplicados à norma ISO, à Joint Commission, ao CBA e ao MBAH. Na prática evidencia-se o reflexo desta situação que pode ser ocasionado pela falta de clareza teórica. Como exemplo, o hospital H refere-se, a utilização do CBA como ferramenta e também como metodologia em outro momento.

Esta situação permite que cada instituição utilize a ISO, a Joint Commission, do CBA e o MBAH, conforme a compreensão pessoal dos gestores, que estabelecem e adequam os passos da implantação às necessidades institucionais. Portanto considera-se importante que esta discussão avance, podendo esclarecer esta questão de caráter teórico, mas que não se apresenta como fator limitante da prática atual.

Quanto à sistemática – metodologia de avaliação, acreditação e premiação – utilizada foi demonstrado de forma significativa, que cinco das oito instituições, A, B, C, D e G, relatam adoção da certificação da norma ISO. Destes cinco hospitais, três agregaram, em momentos diferentes, métodos de Acreditação A e G → MBAH e D → JC. É importante ressaltar ainda que houve adesão dos hospitais C e G ao programa de Qualidade do CQH.

Diante destes dados alguns apontamentos podem ser feitos. Os hospitais C e G relataram utilizar o instrumento do CQH, Roteiro de Visitas, como passo inicial para implementação de ações de Qualidade. De acordo com a literatura, ao utilizar este instrumento a instituição mostra-se preocupada em definir seus indicadores e identificar seu *status* institucional, que são os quesitos avaliados para a obtenção do selo do CQH. Pode-se considerar que a adoção deste programa forneceu um primeiro diagnóstico da instituição, contribuindo para posterior aplicação de outros métodos de Qualidade. Sendo que, o passo seguinte nestes hospitais foi a implantação da ISO.

Como visto anteriormente, cinco hospitais adotaram a NBR ISO 9000:1994, que foi o método com maior adesão. Tal dado significativo instiga a reflexão sobre quais motivos contribuíram para esta escolha. Reportando-se à literatura, há evidência de que este mecanismo de certificação não significa nem a burocratização e nem a obtenção da Qualidade Total, mas está relacionado com: identificação, otimização, qualificação, padronização, monitoração, análise e crítica dos processos. A partir desta informação a ISO apresenta-se como um método orientador, que contribui para a organização dos hospitais. Padronizar vem ao encontro da minimização de erros, fato tão necessário nos hospitais, uma vez que qualquer procedimento realizado inadequadamente pode significar dor e sofrimento ao paciente, que é o foco da assistência de saúde.

Identificou-se também adesão de três hospitais, A, E e G ao MBAH, sendo este fato posterior à adesão da ISO. De acordo com Ministério da Saúde, no Manual Brasileiro de Acreditação Hospitalar (2002), a missão essencial das instituições hospitalares é:

- "Atender os seus pacientes da forma mais adequada. Por isso, todo hospital deve preocupar-se com a melhoria permanente da Qualidade de sua gestão e assistência, buscando uma integração harmônica das áreas médicas, tecnológica, administrativa, econômica, assistencial e, se for o caso, de docência e pesquisa".

Este fato levaria ao seguinte questionamento: a adesão deste instrumento, posterior ao uso da NBR ISO 9000:1994, vem responder à busca de Qualidade Total, que esta última não prioriza?

A constatação foi a existência de uma lógica no tocante a escolha das sistemáticas adotadas, gera reflexões da seguinte ordem: o gestor entende que há uma hierarquia a ser seguida quando decide pelo uso dos métodos escolhidos? Há, implicitamente, características nos métodos que favoreçam suas utilizações de maneira hierárquica?

Na implantação dos programas de Qualidade os hospitais contaram com diferentes apoios: externos (consultoria externa) e internos (institucional). Dos oito hospitais, apenas o F não buscou ajuda de consultoria externa, enquanto que todos os outros recorreram ao apoio de consultorias nacionais. Nestes últimos a faixa de tempo de prestação de serviços variou de um a trinta meses, e em cinco dos hospitais, A, B, C, D e H, observou-se uma maior concentração em períodos superiores há dezoito meses.

A busca de apoio externo, na implantação e acompanhamento das ações de Qualidade, reforça a idéia que vem sendo trabalhada, de que as instituições de saúde apresentam evolução em sua estrutura, organização e funcionamento, quando relacionadas com suas características originais. No entanto, seus avanços ainda são lentos e o apoio externo se faz necessário para alavancar estes processos.

Quanto ao apoio interno, todos contaram com algum tipo de ajuda para iniciar o processo de implantação do programa de Qualidade, diferenciando-se apenas quanto à origem da mesma.

Não foi possível maior análise quanto aos colaboradores envolvidos, uma vez que a nomeação dos cargos difere, quando se compara instituições públicas e privadas, o que poderia resultar em análises impróprias.

Nas formas de trabalho escolhidas pelas instituições para orientação das ações de Qualidade encontram-se a prevalência da formação dos *Times* de Melhoria, ocorrida nos hospitais A, C, D, F e H. Deve-se evidenciar que no caso do hospital H o time foi aliado às *Comissões de Qualidade*, e do C e D, além das comissões, houve também a constituição da *Força Tarefa*. Os hospitais B e G optaram por formas distintas de organização. O primeiro relata a formação de comitês e o segundo a sensibilização e motivação dos profissionais. No hospital E foi utilizada apenas a força tarefa.

A constatação de que os hospitais optaram, predominantemente, pela formação de times de melhoria, poderia evidenciar a preocupação dos gestores da Qualidade no envolvimento de um maior número de colaboradores na discussão de questões institucionais, as quais merecem ser tratadas na busca de melhores resultados.

Essa forma de condução do trabalho parece aproximar os hospitais e gestores da meta de abrangência de todos os colaboradores nas ações e processos da Qualidade.

Pensando no critério adotado para formação dos grupos citados anteriormente, verifica-se que a maioria dos hospitais A, C, F, e H, foi formada tendo como pré-requisito a *tarefa* a ser desenvolvida. Nos hospitais D e E a *função* dos profissionais participantes foi relevante na constituição dos grupos. Enquanto que no hospital B este fator foi a *área de trabalho*, e no G o *interesse pessoal* dos profissionais envolvidos.

Retomando a questão dos métodos utilizados para implantação de programas de Qualidade para cada instituição que os adotou, aspirou-se compreender especificamente as etapas do processo de implantação da ISO e do MBAH. Os passos observados retrataram uma possível forma de condução do processo de implementação. A ordem como foram apresentados não caracterizam uma hierarquia, que por sua vez envolve a prioridade da atividade a ser desenvolvida. Sendo assim, os hospitais tinham total liberdade para defini-la.

A ordem de prioridades institucionais mostra que há uma concordância entre praticamente todos os hospitais, na consideração de que a "Conscientização da Alta Direção" e a "Organização do Planejamento do Trabalho" são passos iniciais na implementação desta certificação. Enquanto que os demais itens sofrem flutuação e variabilidade na ordem de eleição, influenciados e determinados pela cultura de cada instituição.

Vale ressaltar que três instituições, os hospitais A, E e G, que adotaram o método MBAH, apenas duas, os hospitais A e G, relacionaram as etapas através das quais realizaram este processo. E estas por sua vez não apresentaram semelhanças na ordem das respostas.

Não há nenhuma referência literária que indique uma forma específica na implantação dos processos. O que se encontra são referenciais teóricos e um instrumental, que pode ser adaptado a diferentes instituições e aplicado segundo suas características organizacionais e funcionais.

O estudo relatado neste livro permitiu a constatação da existência de ações de Qualidade sistemáticas, coordenadas por profissionais específicos, ligados diretamente à alta direção. Aponta também, diversos significados para o conceito de Qualidade, onde cada pesquisado conceitua, apresenta propostas e diferentes ferramentas.

Na pergunta realizada aos entrevistados "Qualidade na Saúde é?", encontram-se três conceitos a destacar:

- Qualidade são processos.
- Qualidade é interação humana.
- Qualidade é um instrumento de poder.

Esses conceitos de Qualidade demonstram os diferentes olhares existentes no tocante à Qualidade na saúde. Os sujeitos da pesquisa, ao abordarem Qualidade como processo, concluem que "Qualidade é ser capaz de definir, atuar e provar que os processos assistenciais e os resultados clínicos são compatíveis com padrões legais, evidências científicas e custos efetivos destacando-se também que a experiência passada só é útil se transformada em dados".

Os entrevistados expressam que "Qualidade são processos que buscam cada vez mais organizar tudo o que o cliente precisa, através de conceitos e ferramentas da Qualidade em sua gestão, mão-de-obra qualificada e equipamentos que garantam os serviços prestados".

A área da saúde no Brasil vem buscando se desenvolver nestes aspectos. Apesar disso, os resultados ainda são incipientes e muitos dos problemas encontrados decorrem da falta de sistematização e padrões no trabalho; vale ressaltar que "processos imprevisíveis não levam a uma Qualidade consistente e excelente. Controlar a Qualidade significa, em parte, gerir os processos de forma que eles tornem-se previsíveis".

A imprevisibilidade dificulta avaliar o desempenho de um processo e a comparação deste com as novas situações alternativas que venham ser colocadas. No gerenciamento da Qualidade, é necessário verificar os elementos componentes mais importantes do processo a ser avaliado para que haja o entendimento da variação que poderá ocorrer entre um processo e outro. É uma condição prévia necessária para o conhecimento sobre o desempenho, pois sem padronização não existe gestão de processos, tarefas ou atividades. Padronizar é essencial para estabelecer claramente responsabilidade e autoridade; estabilizar os processos; construir base sólida para a melhoria contínua e, portanto, aumentar a produtividade; assegurar a qualidade; acumular o conhecimento tecnológico e qualquer empresa ou organização.

Outro destaque evidenciado entre os pesquisados foi: "Qualidade como interação humana" e apontam a valorização do "atendimento eficaz das necessidades e expectativas dos clientes, bem como a segurança, rapidez, humanização personalizada. Qualidade e interação humana com o sistema, trata-se de um equilíbrio que cada organização tem que descobrir".

Estabelece-se assim um ciclo de excelência que, continuadamente, deve ser revisto e aprimorado, onde a participação das pessoas é de fundamental importância e a partir do qual cria-se um arcabouço gerencial eficiente, eficaz e efetivo, reafirmando as diretrizes de uma gestão participante e comprometida.

Qualidade enquanto produto de trabalho de pessoas significa entendê-la e conhecer sua interação com a organização, considerando sua percepção e a representação do trabalho para estes atores sociais.

A percepção do trabalhador a respeito dos fenômenos organizacionais contribui para seu desenvolvimento. Clareia sua visão sobre o trabalho abrindo questões que devem e precisam ser discutidas neste âmbito.

Tal como os indivíduos, a organização também é dinâmica e passível de modificação pelo aprendizado adquirido.

A cultura das organizações retrata o conjunto de seus valores e crenças, que na interação com seus colaboradores, se transforma pelo conhecimento técnico e pelo comportamento.

Os relatos apresentados demonstram que: "A Qualidade na Saúde é lenta e está diretamente ligada a Qualidade interna de cada indivíduo (...)", demonstrando a necessidade das pessoas perceberem que sempre há algo que elas ainda precisam desenvolver e aperfeiçoar.

Um componente fundamental para isso é a disponibilidade mental para o assunto. Quando os indivíduos buscam esclarecer e aprofundar sua visão pessoal, e ver a realidade objetivamente, desenvolvem competências para lidar com situações em diferentes aspectos da vida. Para tanto, é necessário disposição interna para confrontar pressupostos profundamente arraigados, que influenciam na forma de ver o mundo. Os modelos mentais precisam ser constantemente reavaliados e cabe a cada indivíduo identificar a necessidade de mantê-lo ou abandoná-lo.

A relação do homem com o trabalho está mediada pela consciência, identidade e emoções. Se tais aspectos não puderem ser refletidos na relação com o trabalho, o indivíduo não o estará transformando. Por tratar-se de um movimento individual, envolvendo a dinâmica de viver e estar no mundo, a tomada deste processo com suas próprias mãos, exige um redirecionamento existencial, por vezes lento, que refletirá nos demais papéis de sua vida, especialmente no trabalho.

Abordando a Qualidade como instrumento de poder, evidencia-se o controle, o cerceamento dos colaboradores das áreas e das pessoas que interagem com os profissionais da Qualidade. As ferramentas da Qualidade são por vezes utilizadas para imputar culpa, medo e desenvolver controle sobre as pessoas e não sobre processos de trabalho e capacitação. Evidencia assim, o distanciamento da Qualidade no sentido da construção de sistemas de trabalho, que redundem na melhoria dos processos e não em punição, pressão e outros mecanismos de geração de sofrimento psíquico, e, por vezes físico do trabalhador, devido a relação com o trabalho.

A violência do poder com destaque para o medo e ansiedade criam controle sobre os indivíduos, fazendo surgir neles próprios um mecanismo artificial de autocontrole, onde o medo presente na relação com o trabalho, leva-os a vigiar-se a si mesmos, estabelecendo um estado de prontidão alienante e disciplinador .

Se por um lado deve-se considerar a dimensão subjetiva que envolve as relações com o trabalho discutidas até este momento, por outro nos deparamos com aspectos do cotidiano. Ao lidar com esta esfera, nos deparamos no aspecto da gestão com a abordagem da Qualidade, que se bem entendida e tratada, poderá ser uma linha de conexão entre estes hemisférios.

Os conceitos de Qualidade em seus diferentes ângulos, são discutidos com destaque para a Acreditação e seus benefícios para os hospitais pesquisados, considerando os clientes internos e externos que revelam os principais aspectos envolvidos no tema:

- Acreditação sedimenta e desenvolve Qualidade.
- Acreditação é um instrumento medidor.
- Acreditação desenvolve modelo de gestão.
- Acreditação avalia o hospital como um todo.
- Acreditação é a receita para fazer coisas básicas.

Acreditação é "atestado de Qualidade que vem para validar os esforços consolidados e sedimentar o que se faz para a Qualidade".

As organizações de saúde parecem ter maior grau de adesão aos Programas de Qualidade quando estes estabelecem ações sistematizadas e dirigidas.

Os esforços para implantação de Qualidade são mais bem aceitos, quando orientados por metodologia clara que conduz a força de trabalho para objetivos comuns, compreendidos por todos.

Para os pesquisados, Acreditação "envolve aspectos relacionados ao desenvolvimento da Qualidade em saúde, tais como: o acesso e a garantia da continuidade do atendimento; processos diagnósticos, terapêuticos e de reabilitação; a segurança nos procedimentos e atos médicos, o desempenho dos recursos humanos e, ainda, as adequações das instalações e equipamentos".

A Acreditação pressupõe avaliação do hospital como um todo, obtendo como resultado uma visão sistemática e encadeada, onde a inter-relação entre as áreas ocorre como um compromisso essencial da metodologia. A avaliação estabelece padrões de referência desejáveis e instrumentos que constatarão se estes padrões estão presentes na Instituição.

O entendimento encontrado entre os pesquisados remete à identificação de semelhança e coerência com a teoria da Acreditação. Para eles, Acreditação como instrumento medidor trabalha desde a estrutura física, amplia a CCIH (Comissão de Controle de Infecção Hospitalar), as precauções e a área da Qualidade se sedimentou ainda mais, complementando os métodos técnicos de todas as áreas. Enquanto antes tinham processos de rotina, hoje eles têm padrões técnicos que padronizam, indicadores de monitoramento, e ações preventivas que estabelecem indicadores internos de avaliação.

"A Acreditação desenvolve modelo de gestão" foi outra idéia utilizada pelos pesquisados para mencionar os seus benefícios. Relatam que: "Os benefícios são quanto a ter um modelo de gestão, ter um controle dos requisitos exigidos para o segmento, melhoria contínua e principalmente melhoria no atendimento aos pacientes e colaboradores".

Toda a instituição hospitalar deve preocupar-se com a melhoria permanente, de tal forma que consiga uma interação harmônica das áreas, como se cada uma delas estivesse conectada a outra por fios invisíveis, que permitissem ações integradas. Dado o nobre caráter das instituições de saúde em sua missão a favor do ser humano, o cumprimento dessa premissa torna-se de elevada importância.

A Acreditação é um mecanismo que apóia os hospitais preocupados com a promoção da saúde e prevenção das doenças, estimulando a avaliação dos resultados de sua interação com a comunidade.

A proposta do trabalho da Acreditação não pretende avaliar um serviço ou área isoladamente, mas o seu conjunto, tanto que, se uma área for avaliada num nível mais baixo, toda a instituição também o será. Este enfoque reforça o fato de que as estruturas do hospital estão interligadas e que o funcionamento de um componente interfere no resultado final. Cada instituição deverá procurar meios para reduzir suas deficiências e desenvolver critérios para garantir a Qualidade.

Segundo os entrevistados, "A Acreditação avalia o hospital como um todo, é global, usa termos mais adequados às áreas, pois o hospital não pode ser avaliado separadamente, os resultados da Acreditação são palpáveis. Visa o aprimoramento teórico e não de processos".

A Acreditação evidencia pontos fortes e aspectos restritivos da organização, possibilitando o início de uma mudança gradual e planejada nas instituições. Os profissionais são estimulados a repensar seu trabalho, buscando aproximá-los de práticas e padrões reais aceitáveis, mobilizando-os para a superação dos pontos a serem corrigidos.

Os itens de verificação propostos nos instrumentos de avaliação para Acreditação buscam identificar o *status* dos processos institucionais, revelando o nível em que o hospital se encontra. Cabe a este, apresentar evidências do cumprimento de seus propósitos.

Nas Idéias sobre Acreditação, a percepção de parte dos pesquisados reflete que: "Acreditação é a receita para fazer coisas básicas e que é muito simplista", pressupondo implicitamente que já existe um mínimo de ações executadas pelas Instituições de saúde. Tal situação não colabora com a realidade brasileira, uma vez que nossos hospitais em sua maioria carecem de uma gestão efetiva.

A percepção predominante da Acreditação na pesquisa, aponta para esta metodologia como apenas um instrumento que serve como um *check-list*. Ao ser aplicado, irá identificar a existência ou não do requisito solicitado, dos aspectos mais simples a serem verificados aos mais complexos.

Como parte do processo de Acreditação acontece uma auto-avaliação da instituição, e a identificação de seu *status* segundo os critérios preconizados. Posteriormente, a organização será visitada por especialistas que avaliarão a performance institucional, como ponte obrigatória do mecanismo de Acreditação.

Para conceituar certificação e seus benefícios/melhorias, os pesquisados indicaram três linhas conceituais:

- Certificação padroniza e normaliza procedimentos.
- Certificação gera confiança, credibilidade e reconhecimento.
- Certificação é atestado de qualidade.

A Idéia prevalente foi: "Certificação padroniza e normaliza procedimentos" os pesquisados conceituam Certificação como "normas que visam certificar o sistema de qualidade de uma empresa, através de padronização de processos e avaliações sistêmicas, trazendo resultado nos controles quanto à gestão de equipamentos, processos, etc.".

A principal metodologia que expressa esses conceitos apontados acima tem como ícone a **ISO – International Organization for Standardization** – que iniciou a universalização destes princípios.

Nos hospitais houve forte adesão a este mecanismo de Qualidade que originalmente instalou-se nas indústrias, avançando após anos na área de prestação de serviços.

O objetivo deste método denominado ISO é servir de guia às organizações que pretendem trabalhar com a gestão de Qualidade Total, sendo necessário uniformizar conceitos e procedimentos, fornecendo assim diretrizes para estabelecer, documentar e manter o sistema de Qualidade da instituição.

A aplicação deste método na área da saúde enfrentou algumas resistências dos profissionais envolvidos, por passar a exigir a padronização de processos. Visando a garantia da qualidade dos serviços prestados afirmam que: "A norma é muito técnica, foi um aprender juntos, houve dificuldades com a equipe médica e resistência dos funcionários e gerências. Por outro lado, são extremamente burocráticas, desfoca do que precisa ter cuidado com qualidade para focar papel e formulários. A certificação ISO vale muito a pena nas áreas mais industriais, à medida que se padroniza e se normaliza procedimentos".

Percebe-se que a resistência, relatada anteriormente, ocorre em especial quando se fala em qualidade no âmbito da assistência. Qualidade é documentar os procedimentos para garantir que a assistência dada ao paciente tenha controle. A ISO, para estes profissionais, representa um esforço a mais, que os afasta da sua atividade principal e demonstra um olhar fragmentado sobre o processo de trabalho. Prevalece nesta visão a segmentação, a ausência de organização e falta de acompanhamento sobre as ações assistenciais.

Constata-se que o desconhecimento do sistema de qualidade ISO reafirma o preconceito sobre o método, reforçando o modelo mental destes profissionais, onde o paradigma do controle, da manutenção do *status*, do "deixar como está", ainda permanece em evidência.

O conceito de que "a certificação desfoca o que se precisa para a qualidade, para focar o papel" deve ser revisto, tendo por base que qualidade é, segundo a ISO, a totalidade de características de uma entidade que lhe confere a capacidade de satisfazer as necessidades explícitas e implícitas.

Além da Qualidade na prestação de serviços, uma instituição certificada fornece ao cliente a garantia de que seus requisitos serão atendidos.

Para os pesquisados, "a certificação no segmento hospitalar, traz credibilidade e confiança do cliente para com a organização e junto a comunidade, que agregado ao marketing institucional, gera aumento de clientes, em busca dos serviços nela prestados".

Ampliando olhares e criando possibilidades

Um dos grandes desafios de um programa de Qualidade é o de integrar diferentes visões. Buscar linguagem comum entre as pessoas da organização é o primeiro e principal passo para implantar um programa e estimular mentalidades orientadas para a qualidade. Assim, quando encontramos na área assistencial, profissionais voltados estritamente ao desenvolvimento de sua atuação técnica, constata-se o distanciamento da prática documental que acompanha sua atividade. Este trabalho parcial, focado na assistência, reflete-se na cadeia do processo de prestação de serviço, podendo gerar prejuízo ao cliente final e à instituição.

A sociedade tem buscado consenso, através do estabelecimento de sistemas de padronização, na tentativa de complementar os requisitos de produtos e serviços apresentando especificações técnicas solicitadas pelo cliente.

A questão formulada e dirigida aos pesquisados: Como são mensurados os resultados dos programas de Qualidade em relação aos objetivos inicialmente definidos pela organização? (ficha, produtividade, diminuição de defeitos, diminuição de reclamações, indicadores), aborda a importância do estabelecimento de metas, indicadores por áreas e globais.

Verifica-se que sem a adoção de indicadores que se constituem nas representações qualitativas ou quantitativas em um sistema, a avaliação da qualidade ficará prejudicada. As variáveis que interferem no processo antes e depois não serão examinadas, ficando a instituição sem parâmetros comparativos. Os indicadores permitem a avaliação de programas e serviços prestados à população, na área da saúde.

Com auxílio de indicadores hospitalares e de saúde da comunidade, torna-se possível avaliar se os programas e os serviços hospitalares estão influenciando de maneira positiva na saúde da população, ao mesmo tempo que também evidenciam a qualidade e a quantidade produzidas.

Diferentes racionalidades acompanham a avaliação, desde sua utilização para tomada de decisão, até a verificação do cumprimento de objetivos dos programas.

As Idéias Centrais: Indicadores Institucionais Globais e Indicadores de Desempenho abordam vários exemplos de indicadores, referindo que seu uso é formal e monitorado sistematicamente. Pode-se destacar destas falas a utilização de métodos como a ISO e a Joint Commission, como instrumentos que estimulam e dirigem as organizações e suas áreas para o estabelecimento de metas e indicadores.

Encontra-se na literatura diversos autores que abordam o tema "indicadores na saúde". Suas obras referem inúmeros exemplos de situações passíveis de mensuração, no entanto pouco se encontra de relatos vivenciais da aplicação destes. Tal fato surpreende e leva à reflexão sobre a utilização que é feita desta ferramenta.

Na visita aos hospitais, verificou-se a inexistência de indicadores organizados, retratando fragmentos da realidade institucional. No entanto, a utilização dos resultados obtidos parece não interferir na recondução das ações de Qualidade.

Os indicadores podem constituir instrumento de força e poder para mudar processos internos de trabalho, quando a coleta e os resultados são tratados adequadamente. Caso contrário haverá volume de informações que não irão gerar melhorias ou revisões nos processos apontados, prejudicando o estabelecimento de ciclos de melhoria contínua. Pode-se verificar outra possibilidade no que tange aos resultados obtidos pelos indicadores, tratando a solução de problemas de maneira pontual e específica, sem a análise mais sistêmica.

Tal abordagem prejudica a instituição, à medida que as ações passam a ser norteadas por características imediatistas, em oposição às ações preventivas, que poderiam resultar em mudanças estruturais.

Com relação à pergunta "Qual a importância de um hospital desenvolver um sistema de qualidade?" encontram-se três Idéias predominantes:

- Melhora a interação entre as pessoas.
- Cria a cultura da Qualidade melhorando as condições de trabalho.
- Desenvolve marketing favorável no mercado.

Verifica-se que com relação à interação entre as pessoas e os sistemas de Qualidade "faz buscar a melhoria de seu desempenho e, adotar políticas, normas, padrões metodológicos visando a interação das equipes multiprofissionais, existentes na instituição".

É na interação do paciente com a equipe, que ocorre a ação de saúde, sobretudo na relação direta médico-paciente. O mesmo acontece no momento em que o farmacêutico dispensa o medicamento, ou quando a enfermeira orienta, ou quando o psicólogo o atende. Essas ações representam uma relação que é construída no exato momento do seu fazer, caracterizando-se como um produto intangível, que acontece no momento de seu exercício.

Os sistemas de Qualidade obterão sucesso junto aos atores da saúde, quando houver:

- Desejo de trabalhar de modo diferente e participativo.
- Desejo de ser reconhecido pelo desempenho.
- Reconhecimento do próprio empenho e dedicação.
- Possibilidades de melhoria no processo de trabalho.
- Possibilidade de expressar opiniões e idéias nas equipes.

A visão do indivíduo como um ativo da organização, como pessoa e não meramente um custo, é o desafio a ser superado. É o que possibilitará maior ou menor adesão aos programas de Qualidade.

Outra Idéia valoriza o desenvolvimento da cultura da Qualidade, que para os pesquisados "faz com que o hospital fique atento aos desejos e anseios de seus clientes internos e externos. Faz buscar continuamente a melhoria de seu desempenho (...). Valoriza a cultura da Qualidade, melhora as condições globais por excelência do atendimento, dá garantias de condições de trabalho aos médicos, credibilidade junto aos clientes, médicos e comunidade, investindo em equipamentos e qualificação da mão-de-obra".

Mudar uma cultura organizacional implica em mudar padrões de comportamento, crenças, valores e todos os aspectos do trabalho e do pensamento que caracterizam as pessoas em grupo e as instituições. Isto é particularmente difícil na saúde, devido aos interesses profissionais, corporativos e setoriais, que conflitam freqüentemente com as diretrizes delas próprias.

A transformação individual é importante, mas não suficiente, pois o indivíduo não consegue transformar a organização do trabalho sozinho. As mudanças ocorrerão à medida em que percebam a si e ao mundo externo, trocando essas percepções e desejando mudanças.

Outro ponto entre os pesquisados evidencia que sistemas de Qualidade na saúde atuam sobre desenvolvimento de marketing. Em relação a este pressuposto, o pensamento predominante revela que: "Qualidade possibilita manter a imagem do hospital. É pensar que você será reconhecido no mercado e ser capaz de provar que é bom". Conquistar boa reputação ou imagem no mercado, faz parte de um esforço que se obtém ao longo dos anos.

O cenário atual das organizações se caracteriza pela busca da fidelização dos clientes, portanto mantê-los tornou-se o grande desafio. Estudos demonstram que é mais caro a conquista dos novos clientes que a sua manutenção. Portanto, desenvolver mecanismos de melhoria nas prestadoras de serviços tornou-se exigência fundamental num mercado complexo e competitivo.

Quando o cliente adquire um produto e/ou serviço, está inserido nele um valor agregado. Caso haja descontentamento, ocorrerá queda no referido valor, demonstrando a importância do investimento na Qualidade.

Solicitou-se aos entrevistados que destacassem as principais dificuldades do processo de implantação. Expressaram conforme segue: "o envolvimento das pessoas é algo que dificulta trabalhar, as não conformidades na íntegra e o funcionário leva para o lado pessoal".

Percebe-se na análise que acaba ocorrendo o distanciamento do trabalhador de sua atividade, o que pode estar ocultando a ameaça de lidar com a extensão do medo, da impotência e da insatisfação, mas também oferece a compreensão para o não envolvimento com o trabalho e a desmotivação presente neste cenário.

Estes aspectos provocam sofrimento ao trabalhador, que por vezes não consegue identificar sua real dimensão.

Os trabalhadores percebem-se incapazes para manejar os processos do trabalho e sua energia psíquica está voltada para a realização do mesmo, de forma disciplinada, pelo temor de ser expropriado de sua atividade, o que impede de objetivar-se como ator social do trabalho, e teme ser excluído do processo produtivo.

Neste cenário, pode-se entender como este terreno se torna fértil ao estabelecimento de resistências, tanto do trabalhador quanto da instituição à cultura da Qualidade. Tal resistência tem natureza tanto em questões estruturais, quanto naquelas ligadas às equipes médicas e multiprofissionais.

Assim, as crenças e valores empíricos tomados por verdadeiros por esses atores do processo, vão se perpetuando, encontrando forte barreira para ser transposta, no tocante à gestão organizacional.

Transpor a lógica da instituição e de procedimentos orientados por padrões particulares para uma lógica sistêmica, onde se aprende com as ações cotidianas representa o modelo de excelência para ser alcançado.

A conscientização para Qualidade pode ser uma aliada para a mudança dos modelos mentais, presentes nestas equipes de saúde. Este processo caminha lentamente, pois a adesão dos profissionais ocorre em diferentes momentos.

As generalizações, os pressupostos arraigados, ou mesmo as imagens que influenciam a forma de entender e agir dos indivíduos, são elementos que traduzem como ele está no mundo. Isto media a interação entre os indivíduos e grupos, expondo seus próprios pensamentos, permitindo que estejam abertos à influência dos outros.

Nesta dinâmica, torna-se possível o questionamento de verdades, a partir das imagens internas que são constatadas e, que ao emergirem permitem novas visões.

Neste processo, pode-se lançar novas luzes sobre o entendimento do trabalho, que passou a ser visto não mais como um meio para um determinado fim, ganhando dimensão de um espaço na vida dos indivíduos, agora resignificado pela agregação de diferentes aspirações.

Na pergunta – Destaque os principais pontos a serem melhorados – os entrevistados abordam que "a relação e comunicação interna, diz respeito à integração entre as áreas, ao envolvimento dos novos colaboradores e médicos das equipes terceirizadas. É preciso ter mais recursos para treinar o pessoal, habilidades para liderar e consciência das pessoas em relação à Qualidade".

Outro aspecto relevante a ser considerado diz respeito à importância da habilidade dos indivíduos em descobrirem imagens compartilhadas, que estimulem o compromisso genuíno e o envolvimento, em lugar da mera aceitação de papéis. Este processo de conscientização do indivíduo se reflete nas relações institucionais e na Qualidade do Trabalho.

As pessoas, quando podem expandir continuamente sua capacidade de criar resultados que realmente desejam, e são estimuladas a novos padrões de pensamentos, abrangentes e sistêmicos, passam a integrar a realidade e construir conexões com o todo.

Quando metas, valor e missão são compartilhados pelos colaboradores, os propósitos da instituição são atingidos mais facilmente. O suporte para isto acontecer encontra forte apoio nas ações de aprendizagem.

De modo geral, as grandes instituições sociais partilham de visões obsoletas, cuja percepção da realidade é inadequada para lidar com um mundo interligado.

Um novo paradigma, importante no processo de gestão, é a adequação de visão sistêmica por parte dos gestores. Na maior parte das situações gerenciais há verdadeira alavancagem quando o gestor compreende a complexidade dinâmica da organização, não se prendendo aos detalhes. Dentro de uma visão sistêmica os problemas são vistos como diferentes facetas de uma única crise.

Os conceitos de Qualidade encontrados na pesquisa, referem-se às idéias circulantes na sociedade, particularmente nas organizações. Trata-se da representação social incorporada pelos indivíduos, que atribuem a elas significados próprios e valores. No entanto, esta compreensão passa por um filtro de cada indivíduo que seleciona os conteúdos que lhe são mais representativos.

Os indivíduos aderem e aplicam determinados métodos, segundo diagnóstico institucional previamente realizado ou em muitos casos, a opção da ferramenta se dá pelo conhecimento pontual dos gestores da Qualidade.

Outra observação em relação a este aspecto, diz respeito ao fato da escolha ser definida pela alta direção, devendo ser praticada pela liderança da Qualidade.

O aporte teórico dos pensadores da Qualidade mostra-se presente nas Idéias dos pesquisados, acrescido de múltiplas informações, percepções e associações feitas pelos indivíduos, no decorrer de sua trajetória existencial. Isso demonstra que tiveram algum contato com essas Idéias, reinterpretando-as e adequando-as ao seu cotidiano.

A Idéia "Qualidade é Prevenir" encontra apoio nos pensamentos de CROSBY (1992) que acredita que as despesas mais visíveis na Qualidade encontram-se na área da avaliação. CROSBY afirma que "O sistema que gera qualidade é a prevenção, não a ação" (1992, p. 88).

As pessoas são uma poderosa força para descobrir problemas e gerar ações corretivas, minimizando o impacto dos erros. O fato dos trabalhos nas organizações serem freqüentemente desconexos e descontinuados, não executados em conjunto, torna difícil o desenvolvimento de uma visão sistêmica sobre as organizações e mais ainda para implementação de ações corretivas. Os profissionais das organizações ainda não desenvolveram uma mentalidade voltada para ações preventivas.

Os processos de avaliação são feitos normalmente após o fato ter ocorrido. Avaliação pressupõe a finalização do processo com mecanismos de checagem, triagem e separação do que já está feito, caracterizando-se, portanto, como um sistema dispendioso e não confiável na obtenção da Qualidade. Ao contrário deste conceito, a prevenção é algo feito no decorrer do processo baseando-se na compreensão deste.

CROSBY (1992) relata que "O segredo da prevenção é examinar o processo e identificar as possibilidades de erro. Elas podem ser controladas" (p. 81).

Qualidade alavanca processos de melhoria é outra Idéia Central presente na fala dos entrevistados. Encontra-se na literatura diversos autores que acreditam nesta afirmativa. DEMING (1990) coloca que a Qualidade deve existir desde a etapa do projeto de qualquer produto, que deve ser encarado como parte de um todo. Outra concepção marcante em relação ao tópico referenciado pelos sujeitos diz respeito à importância do trabalho em equipe, essencial para a alavancagem da melhoria contínua.

Projetos, planos, protocolos e especificações, devem traduzir aquilo que se pretende na tentativa de oferecer ao cliente a qualidade almejada. Este processo certamente irá gerar a redução contínua de desperdício e a constante melhoria da Qualidade. Vários fatores estão envolvidos nas melhorias dos processos, incluindo seleção de pessoal, especificações para os cargos a serem ocupados, treinamento, revisão de projetos, de modo a proporcionar a todos melhores oportunidades de conhecimento e aperfeiçoamento das suas habilidades. Melhorar um processo exige um estudo dos registros de trabalho a fim de que se possa analisar, entender e introduzir alterações, observando seus efeitos.

Para JURAN (1988) "os melhoramentos de qualidade potencialmente mais importantes são de natureza multifuncional ou multidepartamental" (p. 255). Outros têm natureza intradepartamental, podendo ser solucionados pelos próprios colaboradores da área, caso estes recebam a responsabilidade, o treinamento e a motivação. "A equipe sendo treinada para estudar os sintomas, elaborar teorias sobre as causas, testar as teorias, achar a causa, estimular um remédio, estabelecer controle para manter ganhos, poderá atuar favoravelmente para a melhoria dos processos institucionais" (JURAN 1988, p. 257).

CROSBY (1992) aponta que vários passos devem ser seguidos para a obtenção das melhorias da qualidade. Propõe envolvimento das equipes de melhoria, que estas façam medições dos processos, tendo por orientação o princípio absoluto de gerenciamento da Qualidade, – o conceito de custo, – para a partir destas informações, implementar ações corretivas.

Na Idéia "Qualidade deve ser avaliada tanto quanto a dimensão de custos" fica evidenciado que além da questão dos custos, que freqüentemente é um dos elementos de maior atração e fixação nas organizações, aspectos relativos à avaliação da Qualidade também devem ser tratados com relevância.

A dimensão do custo tem sido utilizada como forma de medir o desempenho de pessoas e processos, por vezes colocado como item ameaçador, ao invés de destacá-la como um item positivo.

A mesma atenção dirigida a este enfoque – dimensão de custo deveria ocorrer para a Qualidade, pois esta envolve a organização como um todo e seus resultados promovem efeitos no seu conjunto.

Segundo CROSBY (1992), "A conscientização da qualidade estende-se através de todos os atos gerenciais. A maneira como o pessoal da gerência fala sobre qualidade é um ponto importante. Quando a qualidade – como cumprimento dos requisitos – torna-se parte da linguagem da companhia, é que começa a exercer efeito" (p. 136).

Enquanto CROSBY (1992) valoriza a forma como a alta gerência comunica a toda organização seus princípios de qualidade, BERWICK e col. (1994) colocam que inicialmente as equipes se engajam com os projetos em suas primeiras incursões no propósito de melhoria da Qualidade. "Essas experiências têm o sabor de exploração num território não cartografado: uma mistura de excitação e apreensão a princípio, depois alternadas oscilações de frustração e exaltação no curso da jornada. Acima de tudo, as equipes compartilharam um profundo sentimento de compromisso com a saúde e com a exploração de um novo campo repleto de promessas para tornar a saúde melhor."

> Em outro momento, BERWICK e col. ratificam que: "A melhoria da qualidade como método administrativo procura organizar a empresa de uma nova maneira – de forma que, de um modo ordeiro e planejado, todo mundo de todos os níveis possam desempenhar um papel ativo no sentido de compreender os problemas e os processos de trabalho subjacente aos mesmos, coletar e analisar dados sobre esses processos, gerar e testar hipóteses sobre as causas de falhas e projetar, implementar e testar soluções" (1990, p. 48).

Somando-se aos esforços dos autores referidos para conceituar, organizar e aplicar a Qualidade de forma sistemática e dirigida, percebe-se crescente número de adeptos desta corrente, onde predomina a lógica da melhoria institucional pelos custos de seus processos.

Considerações Finais

Qualidade é um termo utilizado por diversos especialistas, sob diferentes ópticas, tendo como ponto comum a identificação de focos que promovam seu desenvolvimento. A busca de um conceito único torna-se algo difícil, especialmente na área da saúde.

A construção dos conceitos de Qualidade envolve uma multiplicidade de variáveis, assinalando setores e tendências predominantes num dado contexto de trabalho.

Constata-se na pesquisa a existência de diferentes abordagens para Qualidade. Algumas valorizam a produtividade e o equilíbrio da organização, outras estão mais voltadas ao desenvolvimento do potencial humano. Tais tendências mostram-se presentes nos planos e ações das instituições que atuam neste segmento.

Ao escolher determinada teoria para embasar a prática da Qualidade, pode-se observar que o profissional busca inspiração naquela que mais se aproxima de seu sistema de crenças e valores, associando-o ao diagnóstico institucional, criando um elo entre teoria e prática. O sistema de crenças e valores dos indivíduos e da organização está embutido na escolha metodológica, que acaba por atender às expectativas das partes comprometidas no processo.

As ações dos gestores contêm a representação social do conceito de trabalho e Qualidade, no qual fica estabelecida a vinculação do fazer com aquilo que emana do social. Assim, estas ações parecem ser mais dirigidas intuitivamente do que embasadas num conhecimento construído teoricamente. Portanto, torna-se essencial que seus coordenadores busquem apoio na literatura, visando suporte e consistência na implementação de seus projetos, adequando-os às realidades de cada instituição. Este processo legitimará as práticas institucionais validando suas ações.

Vale ressaltar que as referências literárias atuais possuem limitações. Estas devem ser revistas com atenção, na tentativa de definições mais claras e consensuais.

A sistemática escolhida pelos hospitais está vinculada a um conjunto de ações e posições socioculturais de seus gestores. Retrata relações estabelecidas entre eles, o processo de trabalho e seus grupos de referência, refletindo-se nas opções realizadas.

À medida que várias instituições participam do processo de certificação, percebe-se uma pressão no mercado para que outras também o façam.

Identificou-se no estudo que a aplicação da norma ISO foi aquela que obteve maior destaque, cuja prática confere certificação cujo reconhecimento no mercado tem se mostrado crescente. A possibilidade de sua aplicação parcial na instituição parece ser um elemento atraente para os gestores. Além do que, os passos preconizados na técnica, acabam por dirigir o trabalho dos colaboradores, impingindo ritmo ao processo e conduzindo-os às metas previstas.

Além disto, identifica-se que a preferência por este método pode estar vinculada ao momento social que as organizações estão vivendo. Muitas delas ainda não conseguem perceber-se sistemicamente e, portanto, optam por instrumentos que possibilitam aplicação por setores. Provavelmente, na medida em que seus processos tornem-se interligados, haverá a utilização de métodos com caráter mais sistêmico.

Este movimento já é percebido no universo deste estudo quando algumas instituições, após alcançarem determinado grau de organização, inserem a aplicação de métodos mais abrangentes, que contribuem para o avanço das ações de Qualidade.

Os sistemas híbridos podem ser positivos e alavancadores de um desenvolvimento crescente e espiralado envolvendo cada vez mais os diversos níveis da instituição.

Em todos os hospitais pesquisados, a postura do gestor da Qualidade e da alta direção (superintendente e diretor executivo) demonstrou disposição para entrevista, o que poderia representar sinergia dessas duas esferas.

No entanto, esta interação nem sempre ocorre com a força necessária para a consecução de um programa desta natureza.

Em algumas das instituições pôde-se constatar que o gestor da Qualidade ocupa lugar em esferas decisórias, fazendo parte do planejamento estratégico da organização e podendo integrar as metas da Qualidade aos objetivos macroinstitucionais.

Considera-se a aproximação da área técnica à estratégica essencial para o sucesso das ações de Qualidade, pois estas envolvem mudanças estruturais e paradigmáticas. Através deste movimento institucional, a coletividade pode identificar e acompanhar o real apoio destinado aos programas de Qualidade. A transparência desse processo de aproximação interfere diretamente nos resultados daquelas ações, uma vez que os indivíduos aprendem, no decorrer de suas existências, a decodificar mensagens verdadeiras daquelas que manipulam o corpo funcional.

Os sistemas de Qualidade servem como guias, podendo ajudar na sinalização dos caminhos para a mudança e os esforços para estabelecer Qualidade são imensos, tendo por base a melhoria contínua. No entanto, se as pessoas não estiverem dispostas a mudar e rever seus modos de ação, não será possível atingir os objetivos pretendidos, nem a cultura da instituição.

As organizações tendem cristalizar-se no seu funcionamento. Resistem ao novo, através de barreiras criadas para manter o *status* vigente. Cabe a alta direção, estabelecer com clareza seus planos de mudanças, oferecendo diretrizes que orientem os colaboradores quanto ao novo caminho a ser trilhado e, projete esforços a serem empreendidos por todos.

O corpo funcional tem sido solicitado ao comprometimento com os trabalhos da Qualidade, por treinamentos ou ações orientadas ao cumprimento do método proposto. Porém, os treinamentos ministrados parecem priorizar aspectos da racionalidade. Assim, pensar, agir e sentir, acabam não sendo trabalhados de forma integrada, o que impossibilita compreensão e adesão à abordagem sistêmica do processo.

O resultado desta prática fragmentada é percebida no cotidiano, ao serem relatadas as resistências ao programa e à cultura da Qualidade. Este processo está relacionado a sistemas internos dos indivíduos e, por isso, entrar em contato com ele pode gerar algum tipo de retração e morosidade.

Nas instituições pesquisadas, a adesão para Qualidade acontece parcialmente. Por vezes, encontra-se o colaborador respondendo a um papel que lhe foi atribuído, porém sem um exercício autônomo, realizando uma prática aparente e superficial.

Faz-se necessário que os gestores revejam a forma de condução dos processos da Qualidade, especialmente no que diz respeito ao envolvimento dos colaboradores. Encontrou-se nos dados a citação de que todos os funcionários estão envolvidos nos programas de Qualidade, no entanto, na análise é apontada a necessidade de melhoria neste envolvimento. Dessa forma, evidencia-se uma contradição que leva a pensar: "Por que os colaboradores não se sentem parte comprometida com este processo?".

O ciclo de excelência da Qualidade visa atingir constantes melhorias. Preocupa-se em integrar os colaboradores, definindo claramente seu papel institucional, fazendo fluir responsabilidade, adesão à cultura vigente e comprometimento. Este processo de co-participação entre colaboradores e instituição, fortalece a organização e congrega seus integrantes a superarem crises e dificuldades comuns.

A apropriação da Qualidade se efetivará com o autodesenvolvimento, o desenvolvimento interpessoal e o das organizações.

Conclusão

- O relato dos entrevistados denota diferenciação conceitual da Qualidade. Esta é constituída a partir da representação social dos gestores, e aliada às necessidades institucionais, interferindo na prioridade das ações a serem tomadas.

- A maioria dos hospitais, inicialmente, optou por métodos de certificação, sendo o Sistema de Qualidade da Norma ISO 9000 o mais adotado. Este fato se deve à sua aplicação de caráter parcial, técnica e orientadora. Posteriormente, algumas instituições adotaram métodos onde ficou evidenciada a busca de uma visão sistêmica do hospital.

- A imprecisão das informações solicitadas, referentes a gestão de pessoas demonstram que a área de Recursos Humanos dos hospitais pesquisados carecem de organização. Tal fato reflete-se na falta de agilidade e fidedignidade das informações.

- Nos achados da pesquisa identificou-se dificuldade dos gestores na classificação das diferentes sistemáticas que objetivam o alcance da Qualidade. Evidencia-se então, a necessidade de contribuir com tal classificação. Sendo assim, este estudo propõe que Qualidade seja entendida como metodologia, e os métodos que a apóiam possam ser desdobrados em ferramentas e técnicas que permitirão sua realização com flexibilidade.

- Para eficiência dos Processos de Qualidade verifica-se a necessidade da aproximação entre as áreas técnicas e estratégicas.

Referências Bibliográficas

Aguilar, M. J.; Egg, E.A. *Avaliação de serviços e programas sociais.* Petrópolis: Vozes, 1994.

Aidar, M. M. *Qualidade humana.* 2.ª ed., São Paulo: Maltese, 1996.

Akerman, M. *Gerência de qualidade nos hospitais paulistas.* Cadernos FUNDAP ano 1996, n.º 19: 79-87.

Albuquerque, L. G. *Importância e necessidade de pensar recursos humanos no nível estratégico.* São Paulo, 1987. [Tese de Livre-Docência-FEA-USP].

_____. Competitividade e recursos humanos. *Ver. Adm. FEA-USP* ano 1989, ano 27 n.º 2: 40 – 42 páginas.

Amaral, J. L. G. *O que você precisa saber sobre o sistema único de saúde: Cartilha SUS* (2v). São Paulo: Associação Paulista de Medicina, 2000.

Angerami-Camon, V. A. (org.) *A ética na saúde.* São Paulo: Pioneira, 1997.

Assis, C. (org). *Valores Humanitários: a história do Hospital Samaritano.* São Paulo: Prêmio, 2001.

Barros, C.D.A. *Sensibilização para a qualidade.* Rio de Janeiro: Qualitymark, 1992.

Berwick, D. M.; Godfrey, A. B.; Roessner, J. *Melhorando a qualidade dos serviços médicos, hospitalares e da saúde.* São Paulo: Makron Books, 1994.

Bittar, O. J. N. V. *Metodologia para avaliação da produtividade em hospitais.* O Mundo da Saúde, 20 (7): 238-43, 1996.

_____. *Hospital & produtividade.* São Paulo: Sarvier, 1997.

_____. *Gestão de processos e certificação para qualidade em saúde.* Rev. Ass. Med. Brasil, 46(1): 70-6, 2000.

_____. *Produtividade em hospitais.* São Paulo, 1994. [Tese de Livre Docência – Departamento de Prática de Saúde Pública da Faculdade de Saúde Pública da Universidade de São Paulo].

Bonato, de Souza V. L. *Procura de atendimento psicoterápico pelo trabalhador da saúde.* São Paulo, 1994. [Dissertação de Mestrado – Departamento de Psicologia Social da PUC-SP].

_____, Algumas considerações sobre o conceito de saúde no trabalho. *Ver. Psicol. Hosp.,* 1995; 10: 40 – 43.

_____, coordenadora *Manual da qualidade: programa InCor da Qualidade.* São Paulo (SP); InCor – Fundação Zerbini, 1996.

_____, *Impacto de programas de qualidade em instituição hospitalar. In:* Qualimetria São Paulo, 82: 15 – 18, 1999.

_____, *Clientes: do desejo a satisfação. In:* Banas Qualidade. São Paulo: 48-50, 2001.

_____, *A qualidade no sistema público. In:* Banas Qualidade. São Paulo: 20-29, 2003.

_____, *A saúde que dá certo no Brasil. In:* Controle da Qualidade. São Paulo, 72: 44-45.

Boog, G. G. *O desafio da competência: como enfrentar as dificuldades do presente e preparar sua empresa para o futuro.* São Paulo: Best Seller, 1991.

Borba, V. R. *Administração hospitalar: princípios básicos.* 3.ª ed. São Paulo: Cedas, 1991.

Bourdieu, P. *Coisas ditas.* São Paulo: Brasiliense, 1990.

Burmester, H. e cols. *Sistema de monitoração de indicadores de qualidade e produtividade de hospitais.* Projeto BRA 93/11, São Paulo, 1993.

Camargo, M. O.; Mello, J. B. *Qualidade na saúde.* São Paulo: Best Seller, 1998.

Carvalho, L. *Padrões mínimos de organização de hospitais.* Porto Alegre: AHRGS/ Pontifícia Universidade Católica do Rio Grande do Sul, 1979.

Castelar, R. M.; Mordelet, P.; Grabois, V.; *Gestão hospitalar: um desafio para o hospital brasileiro.* Rennes (França): ENSP, 1995.

CBA – Conselho Brasileiro de Acreditação de Sistemas e Serviços de Saúde. *Manual de acreditação hospitalar.* Rio de Janeiro, 1999.

Chiavenato, I. *Gerenciando Pessoas: Como transformar os gerentes em gestores de pessoas.* 4.ª ed. São Paulo: Prentice Hall, 2002.

CQH – Controle de Qualidade do Atendimento Médico Hospitalar no Estado de São Paulo. *Manual de orientação aos hospitais participantes.* 2.ª ed. São Paulo: Atheneu; 1998.

Crawford, R. *Na era do capital humano: o talento, a inteligência e o conhecimento como forças econômicas, seu impacto nas empresas e nas decisões: um guia que mostra como prosperar na economia.* São Paulo: Atlas, 1994.

Crosby, P. B. *Qualidade é investimento.* 2.ª ed. Rio de Janeiro. José Olympio, 1986.

_____. *Integração: qualidade de recursos humanos para o ano de 2000.* São Paulo: Makron Books; 1992.

Cruz, L. P. *Qualidade em serviços.* Manual InCor de Qualidade. São Paulo: Fundação Zerbini, 1996.

Cuenca, M. B. C.; Noronha, D. P.; Ferraz, M. L. E. F.; Andrade, M. T. D. *Guia de apresentação de teses.* São Paulo: Biblioteca da Faculdade de Saúde Pública da Universidade de São Paulo, 1998.

Dejours, C. *A loucura do trabalho: estudo de psicopatologia do trabalho.* 2.ª ed., São Paulo, 1987.

Deming, E. W. *Qualidade: a revolução da administração.* Rio de Janeiro: Marques Saraiva, 1990.

Donabedian, A. *The definition of Quality and approaches to its assessment: explorations in Quality assessment and monitoring,* vol I. Ann Arbor, Health Administration Press, 1980.

_____. Criteria, norms and standards of quality: what do they mean? *American Journal of Public Health,* 1981, v. 71, n.º 4 : 409-412.

_____. The Epidemiology of Quality. *Inquiry,* 1985, v. 22, n.º 3 : 132-140.

_____ Veinte Años de Investigación en Torno a la Calidad de la Atención Médica, 1964-1984, *Salud Pública de Mexico,* 1988, v. 30, n.º 2 : 202-215.

Encyclopaedia Britannica do Brasil Publicações Ltda. *Enciclopédia Mirador Internacional.* São Paulo, 1995, 21 v.

Ferreira, A. B. H. *Novo Aurélio século XXI: o dicionário da língua portuguesa.* 3.ª ed. São Paulo: Nova Fronteira, 1999.

FNQ – *Critérios de Excelência – O estado da arte da gestão para a Excelência do desempenho e para o aumento da competitividade.* São Paulo: Fundação Nacional da Qualidade, 2006.

FNQ – *Critérios de Excelência/ Fundação Nacional da Qualidade* – São Paulo: Fundação Nacional da Qualidade, 2007.

Fortes, P. A. C. *Ética, cidadania e busca da qualidade na administração dos serviços.* dez. 95: 49 -50; mar. 96: 48-49.

_____. *O dilema bioético de selecionar quem deve viver: um estudo de microalocação de recursos escassos em saúde*. São Paulo, 2000 [Tese de Livre Docência – Faculdade de Saúde Pública da Universidade de São Paulo].

Gastal, F.L. *Controle estatístico de processos: um modelo para avaliação da qualidade de serviços de internação psiquiátrica*. São Paulo, 1995 [Tese de doutorado – UNIFESP-EPM/SP].

Giddens, A. *As conseqüências da modernidade*. 2.ª ed. São Paulo: UNESP, 1991.

Gil, A. L. *Qualidade total nas organizações: indicadores de qualidade, gestão econômica da qualidade, sistemas de qualidade*. São Paulo: Atlas, 1993.

Gilmore, C. M.; Novaes, H. M. *Manual de gerência da qualidade*. Washington, DC: OPAS, 1997.

Goldenberg, M. *A arte de pesquisar: como fazer pesquisa qualitativa em ciências sociais*. 4.ª ed. Rio de Janeiro: Record, 2000.

Gonçalves, L. *Conceitos fundamentais*. São Paulo: EdUSP, 1994.

Gonçalves, E. L. As funções do hospital moderno. *In*: Machline C et al., *O Hospital e a visão administrativa contemporânea*. São Paulo: Pioneira, 1989.

Hayes, J.; Shaw, C. Implementing Accreditation System (23 may 1994, Treviso, Italy). *International journal for quality in health care*, v. 7, n.º 2, 175-177.

Ishikawa, K. *Controle de qualidade total*. Rio de Janeiro: Campos, 1997.

Joint Commission. *Comprehensive Accreditation Manual for Hospitals*. The Official Handbook. Oakbook Terrace; 1997.

_____. *How to achieve quality and accreditation in a hospital social work program*. Oakbook Terrace, 1991.

_____. *Accreditation Manual for hospitals*. v. 1 – Standards, Oakbook Terrace, 1996.

_____. *Orientation to the 1998 accreditation decision process*. Oakbook Terrace, 1998.

Joint Commission International. *Melhorando os cuidados com a saúde no mundo inteiro*. Oakbook Terrace, 1998.

Junqueira, L. A. P. Gestão de recursos humanos: uma utopia no setor público de saúde? *Rev. Saúde Pública em Perspectiva*, 6 (4): 9-14, 1992.

Juran, J. M. *Juran planejando para a qualidade*. 2.ª ed., São Paulo: Pioneira, 1988.

_____. *Juran na liderança para qualidade*. São Paulo: Pioneira, 1990.

Kanaane, R. *Comportamento humano nas organizações: o homem rumo ao século XXI*. São Paulo: Atlas, 1995.

Kisil, M.; Paganini, I. J. M. *Avaliação para a transformação – desenvolvimento e fortalecimento dos sistemas locais de saúde.* São Paulo: OPAS/ OMS/ Fundação Kellogg/ FSP-USP, 1995.

Lefevre F.; Lefevre A. M. C.; Teixeira, J. J. V. (org.) *Discurso do sujeito coletivo: uma nova abordagem metodológica em pesquisa qualitativa.* Caxias do Sul –RS: EDUCS, 2000.

Malik, A. M. (a). *Qualidade em serviços de saúde nos setores público e privado.* In: Cadernos Fundap. São Paulo, 19: 7-24, 1996.

_____(b). *Avaliação, qualidade, gestão: para trabalhadores da área de saúde e outros interessados.* São Paulo: SENAC, 1996.

Malik, A. M. e Schiesari, L. M. *Qualidade na gestão local de serviços e ações de saúde.* Série Saúde e Cidadania v. 3. São Paulo: Peirópolis: Faculdade de Saúde Pública, 1998.

Massotti-Alves, A. J. *O debate contemporâneo sobre os paradigmas.* In: Mazzotti-Alves, A. J.; Gewandsznajder, F. *O método nas ciências naturais e sociais: pesquisa quantitativa e qualitativa* (cap. 6). 2.ª ed., São Paulo: Pioneira, 1999.

Mello, J. B.; Camargo, M. O. *Qualidade na saúde: práticas e conceitos, normas ISO nas áreas médico-hospitalar e laboratorial.* São Paulo: Best Seller, 1998.

Mezomo, J. C. *O administrador hospitalar: a caminho da eficiência.* São Paulo: Cedas, 1991.

_____. *Qualidade hospitalar: reinventando a administração do hospital.* São Paulo: Cedas, 1992.

_____. *Um hospital bem administrado: hospital, administração e saúde.* São Paulo: Cedas, 1991.

Michaelis. *Moderno dicionário da língua portuguesa.* São Paulo: Cia Melhoramentos, 1998.

Minayo, M. C. S. *O desafio do conhecimento: pesquisa qualitativa em saúde.* São Paulo: Hucitec, 2000.

Ministério da Saúde. *Manual brasileiro de acreditação hospitalar.* Brasília (DF), 1999.

Ministério do Planejamento. *Prêmio qualidade do governo federal. Instrumento de avaliação da gestão pública – ciclo 2000.* Programa Qualidade no Serviço Público, 2000.

Mirshawka, V. *Hospital: fui bem atendido, a vez do Brasil.* São Paulo: Makron Books, 1994.

Negri, B.; Viana, A. L. D. *O sistema único de saúde em dez anos de desafio.* São Paulo: Sobravime e Cealag, 2002.

Negri, B.; Giovanni, G. D. *Brasil: radiografia da saúde.* Campinas: NEPP, 2001.

Nogueira, R.P. *Perspectivas da qualidade em saúde.* Rio de Janeiro: Qualitymark, 1994.

Novaes, H. M.; Paganini, J. M. *Padrões e indicadores de qualidade para hospitais (Brasil).* Washington (DC): Organização Pan-Americana de Saúde/ HSS, 1994.

Novaes, H. M.; Motta, P. R. *Manual protótipo de educação em administração hospitalar* (v. 5) Rio de Janeiro. Fundação Kellogg, 1997.

Paganini, J. M; Novaes H. M. *Garantia de qualidade - acreditação de hospitais para a América Latina e Caribe.* Brasília: OPAS, 1992. (OPAS – Série Silos, 13) 1990.

Pedreira, E. C. N. *Paradigmas da qualidade.* Rio de Janeiro: Imagem, 1992.

Prazeres, P. M. *Dicionário de termos da qualidade.* São Paulo: Atlas, 1996.

Quick, T. L. *Como desenvolver equipes bem sucedidas.* Rio de Janeiro: Campus, 1995.

Quinto Neto, A.; Gastal, F. L. *Acreditação hospitalar: proteção dos usuários, dos profissionais e das instituições de saúde.* Porto Alegre : DACASA/IAHC, 1997.

Ribeiro, H. P. *O hospital: história e crise.* São Paulo: Cortez, 1993.

Rutta, A. M.; Pagliuso, A. T.; Kanab, M. L. Z. *Critérios de excelência: o estado da arte da gestão para a excelência do desempenho e o aumento da competitividade.* FPNQ, 2002.

Sacramento, F. J. S. *Identificação de fontes de desperdícios em instituições hospitalares.* São Bernardo do Campo, 2001. [Dissertação de Mestrado – Administração da Universidade Metodista de São Paulo].

Schiesari, L. M. C. *Cenário da acreditação hospitalar no Brasil: evolução histórica e referências externas.* São Paulo, 1999. [Dissertação de mestrado - Faculdade de Saúde Pública - USP].

Scrivens, E. *Accreditation: protecting the professional or the consumer?* Buckingham: Open University Press, 1995.

_____.Policy issues in accreditation. *International journal for quality in health care,* 1998; 10:1-5.

Selltiz, C.; Jahada, M.; Deutsch, M.; Cook, S. W. *Métodos de pesquisa nas reações sociais.* 2.ª ed., São Paulo: Herber/EdUSP, 1967.

Senge, P. *A quinta disciplina: arte e prática da organização de aprendizagem.* 8.ª ed., São Paulo: Best Seller, 1995.

Simioni, A. M. C. *O gerenciamento de recursos humanos em saúde como processo social.* São Paulo, 1996. [Dissertação de Mestrado - Faculdade de Saúde Pública da USP].

Singer, P.; Campos, O. *Prevenir e curar*. Rio de Janeiro: Forense, 1988.

Tachizawa, T.; Scaico. *Organização flexível: qualidade na gestão por processos*. São Paulo: Atlas, 1997.

Teboul, J. *Gerenciando a dinâmica da qualidade*. Rio de Janeiro: Quality mark, 1995.

Teixeira, J. M. C. *Sistemas médicos, técnicos e administrativos do hospital moderno: sua ordenação*. In: Machline, C. et al.. O hospital e a visão administrativa contemporânea. 2.ª ed., São Paulo: Pioneira, 1989.

Valle, V. F. *Controle da qualidade total*. 5.ª ed., Belo Horizonte: UFMG/FCO, 1992.

Vieira, M. P. A.; Peixoto, M. R. C.; Khoury, Y. M. A. *A pesquisa em História*. 2.ª ed., São Paulo: Ática, 1991.

White, K. C.; Willians, T. F.; Greenburg, B. G. *La ecologia de la atención médica*. In: Investigaciones sobre Servicios de Salud: Una Antologia, 1992, pp.240-250. (Publicación científica n.º 534, OPAS).

Wood Jr, T.; Urdan, F. T. *Gerenciamento da qualidade total: uma revisão crítica*, In: Revista de Administração de Empresas, 34 (6), 46-59, 1994.

Zoboli E. L. C. P. *A interface entre a ética e a administração hospitalar*. São Paulo, 2000. [Dissertação de mestrado – Faculdade de Saúde Pública da USP].

www.mct.gov.br/temas/info/dsi/qualidad/pnq.htm

www.saude.pr.gov.br/ftp/teses%20ces/sus_tese1.doc

Siglário

ABNT – Associação Brasileira de Normas Técnicas
CBA – Consórcio Brasileiro de Acreditação
CCIH – Comissão de Controle de Infecção Hospitalar
CCQ – Círculo de Controle de Qualidade
CQH – Compromisso com a Qualidade Hospitalar
FNQ – Fundação Nacional da Qualidade
INAMPS – Instituto Nacional de Assistência Médica da Previdência Social
INPS – Instituto Nacional de Previdência Social
ISO – International Standardization Organization
JC – Joint Commission
JCAHO – Joint Commission Accreditation of Healthcare Organization
JCI – Joint Comission International
MBAH – Manual Brasileiro de Acreditação Hospitalar
MS – Ministério da Saúde
MPAS – Ministério da Previdência e Assistência Social
NOB – Normas Operacionais Básicas
ONA – Organização Nacional de Acreditação
OPAS – Organização Pan-Americana da Saúde
PAB – Piso de Atenção Básica
PBQP – Programa Brasileiro da Qualidade e Produtividade
PDCA – Plan Do Check Act
PIASS – Programa de Interiorização à Saúde e Saneamento
PIQ – Programa InCor da Qualidade
PQGF – Prêmio Qualidade do Governo Federal
PQSP – Programa da Qualidade no Serviço Público
PNGS – Prêmio Nacional da Gestão em Saúde
PNQ – Prêmio Nacional da Qualidade
QHR – Quality Healthcare Resources
QSP – Centro da Qualidade, Segurança e Produtividade
SUDS – Sistema Único e Descentralizado de Saúde
SUS – Sistema Único de Saúde
TQS – Qualidade Total em Serviços

Sobre a autora

VERA BONATO

Vera Lúcia Bonato é psicóloga e administradora hospitalar. Desenvolve atividades na área pública desde 1983. Atualmente é gestora do Sistema Integrado da Qualidade do Instituto do Coração do Hospital das Clínicas da Faculdade de Medicina da USP. Trabalha como consultora na área de Saúde tendo desenvolvido diversos projetos em diferentes hospitais do Brasil, além de desempenhar também a função de docente em cursos de Especialização em Administração Hospitalar da Faculdade de Saúde Pública da Universidade de São Paulo e Faculdade São Camilo.

Ainda no âmbito acadêmico, é Doutora em Administração Hospitalar pela Faculdade de Saúde Pública da USP e Mestra em Psicologia Social pela Pontifícia Universidade Católica de São Paulo. Supervisora didata em Psicodrama pela ABPS – Associação Brasileira de Psicodrama e Sociodrama; detem o título de especialista em Qualidade pela FGV e *Coach* Empresarial e é autora de artigos em revistas e livros especializados em Saúde.

Impresso nas oficinas da
SERMOGRAF - ARTES GRÁFICAS E EDITORA LTDA.
Rua São Sebastião, 199 - Petrópolis - RJ
Tel.: (24)2237-3769